Edition Literatur- und Kulturgeschichte

In der Flut der Bilder, Töne und Texte aus den Medien ist eine neue Kultur des Sehens, Hörens und Lesens vonnöten. Ihr will die Reihe *Vom Umgang mit ...* assistieren. Sie unterstützt einen Unterricht, in dem Inhalt und Form gleiche Geltung haben, der Anschluß herstellt an Alltagserfahrungen und tatsächliche Gewohnheiten, der befähigt zu selbständigem Umgang mit der Angebotsfülle aus der Kommunikationsindustrie.

Über den Autor

Dietrich Grünewald, geb. 1947 in Frankenberg/Eder (Hessen); 1969/72 Lehrer-Studium (Kunsterziehung/Deutsch) an der Universität Gießen, danach Promotionsstudium ebd., 1976 Dr. phil. (Diss. über die satirische Zeitschrift »Eulenspiegel/Roter Pfeffer 1928–1933«), 1977 Zweite Lehramtsprüfung, Haupt- und Realschullehrer für die Fächer Deutsch und Kunsterziehung; 1978/86 wiss. Assistent an der Universität Dortmund, Fach Kunst und ihre Didaktik, 1980 Habilitation (Venia legendi: graphische Medien), 1986/95 apl. Prof. ebd.; seit 1995 Prof. am Institut für Kunstwissenschaft/Bildende Kunst der Universität Koblenz-Landau; 1977/90 Lehrbeauftragter am Institut für Jugendbuchforschung der Universität Frankfurt a. M., Bereich Comic; 1987/91 Erster Vorsitzender des »Bundes dt. Kunsterzieher« (BDK); seit 1991 Mit-Hg. der Zeitschrift »Kunst+Unterricht«; zahlreiche fachwissenschaftliche und -didaktische Publikationen (bildende Kunst, visuelle Medien), u. a.:
Karikaturen im Unterricht. Geschichte, Analysen, Schulpraxis (Weinheim/Basel 1979); *Comics. Kitsch oder Kunst?* (Weinheim/Basel 1982); *Wie lesen Kinder Comics? Zur Rezeption von Bildgeschichten* (Frankfurt a. M. 1984); *Kinder- und Jugendmedien. Ein Handbuch für die Praxis* (Weinheim/Basel 1984; hg. zus. m. W. Kaminski); *Vom Umgang mit Papiertheater* (Berlin 1993).

Dietrich Grünewald

Vom Umgang mit Comics

Volk und Wissen Verlag

»Vom Umgang mit ... «
Herausgegeben von Hannelore Prosche

Die Deutsche Bibliothek – CIP-Einheitsaufnahme

Grünewald, Dietrich
Vom Umgang mit Comics / Dietrich Grünewald. [Hrsg. von Hannelore Prosche].
– Orig.-Ausg., 2., durchges. Aufl. – Berlin: Volk und Wissen, 1996
(Edition Literatur- und Kulturgeschichte) (Vom Umgang mit ...)
ISBN 3-06-102785-8

ISBN 3-06-102785-8

Originalausgabe
2., durchges. Auflage
© Volk und Wissen Verlag GmbH, Berlin 1991, 1996
Reihenentwurf Kerstin Luck / Regine Schmidt
Umschlag Gerhard Neitzke
Gesetzt aus der Palatino der Firma Linotype
Druck und Binden Offizin Andersen Nexö GmbH, Leipzig
Redaktionsschluß 24. Januar 1996
Printed in Germany

Inhalt

Von der Notwendigkeit,
bewußt mit Comics umzugehen

Comic – für viele ist der Begriff positiv besetzt, für viele negativ, den meisten ist er jedenfalls vertraut. Die einschlägigen Wörterbücher führen ihn auf; auch das bekannte Leipziger *Lexikon der Kunst* nennt ihn unter Verweis auf das Stichwort »Bildgeschichte« in der 1987 neu erschienenen aktualisierten Auflage.

Comic – da denken wir an Mickymaus und Donald Duck, an Tarzan und Superman. In fast allen Ländern der Welt erscheinen inzwischen Comics, sind diese und andere Helden bekannt. (1989 erschien auch das erste russische Mickymaus-Heft.)

Das Angebot auf dem deutschen Markt ist kaum zu überblicken. Viele Tageszeitungen und Illustrierte haben ihre Comic strips, manche eine wöchentliche Comic-Seite; regelmäßig (meist wöchentlich) erscheinen Serienhefte; länger auf dem Markt sind die Comic-Alben und – seit einigen Jahren zunehmend – die Comic-Bücher. Kaum ein Kind, das keine Comics kennt und – wenigstens unregelmäßig – liest; die Bibliotheken vermelden hohe Ausleihquoten; auf vielen Flohmärkten bieten Kinder ihre zerlesenen bunten Heftchen an. Die DDR hatte sich von den ›dekadenten‹ Produkten des kapitalistischen Auslandes abzuschotten versucht; aber das Interesse an Comics konnte auch hier nicht unterdrückt werden und wurde mit eigenen wie osteuropäischen Produkten zu befriedigen gesucht. Am bekanntesten sind die Hefte »Atze« und »Mosaik« (letzteres hatte auch in der damaligen Bundesrepublik viele Leser); Illustrierte und Zeitschriften brachten Comic-Serien und Comic-Fortsetzungsgeschichten, wie Heinz Jankofskys *Rolf und Rudi* oder Eugen Glieges *Till Eulenspiegel* in der »Neuen Berliner Illustrierten« (NBI), Heinz-Helge Schulzes *Larissa und die Diamanten* oder Bern Günthers *Melli und Motte* in »Für Dich«, Ernö Zorads *Der Schatz der Mayas* oder Attila Dargays *Dorothy im Zauberland* [nach L. Frank Baums *The Wizard of Oz*, worauf allerdings nicht verwiesen wurde] in der »Trommel«. Jetzt wird auch in den neuen Bundesländern der Markt von West-Comics überflutet. Kinder (vorwiegend, sobald sie selbständig lesen können) und Jugendliche sind – trotz Fernsehen und Video – eifrige Konsumenten.

Die rasante Entwicklung der Comics in den USA seit Beginn unseres Jahrhunderts hatte in Deutschland nur geringe Resonanz gefunden. Mickymaus kannte man, aber doch eher aus Trickfilmen (in Zürich erschien kurzfristig eine »Micky Maus Zeitung«); Pat Sullivans *Felix* und Disneys *Silly Simphonies* erschienen in der Kunden-zeitschrift »Papagei« (Wien, ab 1926), die auch Harold Fosters *Prince Valiant* unter dem Titel *Prinz Waldemar* (heute: *Prinz Eisenherz*; im Hamburger Carlsen-Verlag seit 1987 als Werkausgabe) brachte. Von 1933 bis 1935 erschien in »Neue Jugend« die Comic-Serie *Kalle, der Lausbubenkönig* (als Sammelband 1934 im Zeitschriftenverlag Berlin), eine Übernahme der US-amerikanischen Serie *Winnie Winkle* von Martin Branner. Kalle entspricht Winnies Bruder Perry – allerdings wurden Hinweise auf das Original unterlassen. Deutsche Eigenproduktionen waren zum Beispiel Barlogs *Schreckensteiner* oder Erich Ohsers *Vater und Sohn*, doch so beliebt sie auch waren, im Presseangebot blieben sie Ausnahmeerscheinungen. Die große Tradition der deutschen Bildgeschichte der Bilderbögen und Zeitschriften des 19. Jahrhunderts (Busch, Meggendorfer u.v.a.) wurde im 20. Jahrhundert nicht fortgesetzt. So waren denn die Comic strips in den Zeitungen und die Comic-Heftchen, die in den fünfziger Jahren in der Bundesrepublik Fuß faßten, etwas Ungewohntes und Neues. Und da sie auch noch aus ehemaligem Feindesland kamen, griffen die Skeptiker nur zu begierig den in den USA entbrannten Kampf um die Comics auf. Hier hatten Psychologen und Pädagogen wie Frederic Wertham und Hilde Mosse anklagend ihre Stimme vor allem gegen die Horror- und Actioncomics erhoben und sie beschuldigt, für die Kriminalisierung der Jugend verantwortlich zu sein. Der Schund-und-Schmutz-Kampf in Deutschland machte sich diese Thesen zu eigen, verallgemeinerte und erweiterte sie, stellte die Comics pauschal an den Pranger. Es ging nicht nur um schädliche Inhalte, es ging darum, daß angeblich die Comics per se kulturell schädlich seien, zu Analphabetismus und Bildidiotismus erzögen und verdummten. Vorträge, Umtauschaktionen (›gutes‹ Jugendbuch gegen ›schlechte‹ Comics), sogar Verbrennungen (und das kurz nach der Erfahrung des Dritten Reiches!), wetternde Artikel prägten Eltern und Erzieher, die – da sie im Comic-Lesen nicht geübt waren – nur zu gern das Negativurteil übernahmen. Der Schund-und-Schmutz-Kampf hatte Erfolg – nur nicht den erwünschten. Zwar waren die Comics hierzulande kulturell ausgegliedert, doch die Kinder (die Verbotenes sowieso reizt) lasen die Heftchen nach wie vor – ob verboten oder nicht. Auf dem Markt hatten die Verlage (gut im Geschäft war u.a. der Lehning-Verlag mit seinem bekanntesten Zeichner Hansrudi Wäscher, der z.B. die italienische Serie *Akim* weiterführte, eigene Serien wie *Sigurd, Tibor* oder *Nick* schuf), die mit Billigproduktionen auf schnellen Profit aus waren, das Sagen. Engagierte Verlage, Autoren und Zeichner mit künstlerischem Anspruch hielten sich von Comics fern. Entsprechend sah das Angebot aus. Klischeehafte, anspruchslose Kost, oft – wie Kaukas *Fix und Foxi* – im Grunde Plagiate der US-Comics, Massenware, die auf simpelste Art dem Bedürfnis nach leichter Unterhaltung entsprechen wollte. Einige Illustrierte brachten lesenswerte Serien, zum Beispiel *Taro* von Fritz Raab und Friedrich-Wilhelm Richter-Johnson, *Jimmy das Gummipferd* von Roland Kohlsaat, *Reinhold das Nashorn* von Victor von Bülow (Loriot, hier signierte er mit Pirol) in »Stern«; *Mecki* von Reinhold Escher und – später – Wilhelm Petersen in »Hör zu«; *Oskar der Familienvater* von Carl Fischer (Cefischer) in »Frankfurter Illustrierte«; doch konnten auch sie den ablehnenden Grundtenor Comics gegenüber nicht ändern. Dabei war das Leserinteresse durchaus groß. Der Zeitschriftenmarkt wurde aber zunehmend von Lizenzverlagen dominiert. Öffentlich ignoriert, setzten sich Comics als Angebot vornehmlich für jüngere Leser immer mehr durch. Disneys *Mickey Mouse* entwickelte sich – auch dank einer gelungenen Übersetzung – allen pädagogischen Eiferern zum Trotz zur führenden Kinderzeitschrift. (Detaillierten Überblick über die Entwicklung der Comics findet man bei Dolle-Weinkauff 1990 und Knigge 1986.)

Der Generationswechsel, der Ausgang der sechziger Jahre in vielen Bereichen erregte Diskussionen, Kontroversen, Neuansätze und Experimente brachte, führte auch zu einer differenzierteren Sicht auf die Comics. Die jungen Eltern, Pädagogen und Wissenschaftler waren mit Comics aufgewachsen, hatten Erfahrungen gesammelt. Comic-Fans bekannten sich zu ihrem Hobby, gründeten Vereinigungen, gaben Zeitschriften und Hefte heraus. Ein nostalgisches Interesse führte zu vielen Nachdrucken alter Serien. Comics wurden – zum Teil hochbezahltes – Sammlergut. Ausstellungen dokumentierten die Geschichte der Comics; Unterrichtseinheiten zum Thema wurden entwickelt; Schulbücher nahmen Comics auf; wissenschaftliche Untersuchungen widmeten sich dem Gegenstand. Noch lange nicht kulturell akzeptiert, werden Comics immerhin seit den siebziger Jahren nicht länger ignoriert. Zu den (ideologie-)kritischen Analysen gesellten sich Untersuchungen zur Geschichte der Comics und zu ihrer ›Sprache‹. Fachzeitschriften, die über den Anspruch eines ›Insider-Fanzines‹ hinausgehen, entstanden und berichteten über aktuelle Entwicklungen. Der offene europäische Markt, die Stagnation des Absatzes von Kindercomics (Stichwort: Geburtenrückgang), die mögliche Ansprache von älteren Kunden sowie die zunehmende multimediale Vermarktung im Unterhaltungsbereich bescherten den Comics einen gewissen Schub. Plötzlich wurde erkannt, daß Deutschland in Sachen Comic – verglichen mit anderen Ländern – ein ›Entwicklungsland‹ ist. Während zum Beispiel in Frankreich und Italien Comics selbstverständlicher Bestandteil der (öffentlichen, diskutierten) Kultur sind, kämpfen sie hierzulande nach wie vor um Akzeptanz. Das liegt natürlich auch daran, daß die meisten Comics Importware sind, eine kulturelle Identität – anders als eben in Frankreich, Italien oder den USA – nicht entwickelt wurde. Mit der Einrichtung von speziellen Comic-Läden, mit der Einführung des Comic-Albums (das nicht wie das Heftchen dem wöchentlichen Erscheinungsrhythmus unterliegt, sondern längerfristig auf dem Markt bleibt und sich so ein Publikum erobern kann), mit dem gestiegenen Anspruch eines kritischeren Publikums, begleitet von publizierten Rezensionen, setzte sich in den achtziger Jahren auch hier neben dem Massenangebot der Autorencomic durch. Experimente wurden gewagt, neue Stoffe aufgegriffen. Was eigentlich selbstverständlich ist, vielfach aber leichtfertig übergangen wurde, kam deutlicher ins Bewußtsein: Comic ist nicht gleich Comic. Wie in jeder Kunst gibt es große Qualitätsunterschiede; es geht nicht länger darum, *die* Comics pauschal zu begutachten, sondern konkrete Beispiele wahrzunehmen und zu prüfen. In der fränkischen Stadt Erlangen wurde 1984 erstmals ein internationaler »Comic-Salon« eingerichtet, der Leser, Verlage, Autoren, Zeichner und Wissenschaftler zusammenführt und der deutschen Comic-Szene Impulse geben will. Der 4. Comic-Salon 1990 leitete eine neue Entwicklung ein: Neben dem internationalen Angebot der Verlage erhalten jetzt auch zunehmend deutsch(sprachig)e Autoren/Zeichner eine Chance, eigene Arbeiten zu publizieren. So schreibt im April 1991 der Stuttgarter Ehapa-Verlag anläßlich seines 40jährigen Bestehens erstmalig einen »German Comic Open 1991« aus. Wie die Bibliotheken, öffnet sich – langsam, aber in der Tendenz steigend – der Buchhandel den Comics, zumal das Medium Buch, vornehmlich das Taschenbuch – auch sogenannter etablierter Verlage – Comics aufgreift. Internationale Comic-Erfolge, wie *Asterix*, haben einem breiteren Publikum zeigen können, daß im Comic etwas Interessantes stecken kann. Der Impuls der Pop-Art, die nicht nur auf Comics reagierte (Lindner, Lichtenstein, Ramos u.a.), sondern auch Pop-Comics inspirierte (z.B. *Jodelle* von Guy Peellaert und Pierre Bartier), hat künstlerische Möglichkeiten des Comics aufgezeigt (interessant Dino Buzzatis *Orphi und Eura* oder Cincia Ghiglianos *Nora*, die beide auf sehr spezifische, erweiternde Art die Stoffvorlagen transferieren). Kritisch-provozierende, satirische Comics (wie die sogenannten Underground-Comix und die Szenen-

Comics) haben bewußtgemacht, daß der Comic wie jedes Angebot, sei es Literatur, bildende Kunst, Film, Theater, vielen Inhalten und Intentionen gerecht werden kann.

Wir beobachten heute eine Entwicklung, die langsam, aber zäh Comics in großer Breite und Vielfalt, was Inhalte, Ästhetik, Intention und anvisierte Zielgruppen angeht, als kulturelles internationales und (zunehmend) nationales Angebot etabliert.

Wie im großen Spektrum der (Text-)Literatur weist auch der Comic-Markt eine bedeutende Spannbreite auf. Da gibt es eine Vielzahl von Beispielen, die man inhaltlich wie ästhetisch als unangemessen, ja, als bedenklich für Kinder einschätzen wird, andere, die durchschnittliche Massenware zur Konsumunterhaltung sind, aber wiederum auch andere, denen man künstlerischen Anspruch und inhaltliches Engagement nicht absprechen kann.

Die Zeiten, ›Schlechtes‹ (wer bestimmt, was schlecht ist?) zu verbieten, zu vernichten oder einen quantitativ bedeutenden Bereich wie die Comics einfach zu ignorieren, sind vorbei. Nötig ist keine von außen kommende Reglementierung, keine Selektion zum Beispiel durch Pädagogen, die bestimmen, was als Lektüre sinnvoll ist und was nicht. Nötig ist der *kompetente Leser*, der selbst fähig und bereit ist, kritisch mit Comics umzugehen, der sensibel für ihre Qualität, für Experimente, offen für Ungewohntes ist und – vergleichend – werten und urteilen kann. Auch das Comic-Lesen will gelernt sein. Unstrukturiert wird es durch den Zufall, das erreichbare Angebot, die beeinflussenden Meinungen des Umfeldes geprägt. Es ist kaum anzunehmen, daß dieses Lernen immer den Anforderungen einer wünschenswerten Rezeptionskompetenz entspricht. Auch zum Comic-Lesen sollte Wissen, ›Durchblick‹, Sensibilität für das Spezifische gehören – und das macht ein reflektiertes Verstehen der besonderen Qualität des Erzählens in Bildern nötig.

Dieses Buch will Hilfestellung sein. Es will Eltern, Erziehern, Lehrern, Bibliothekaren und allen, die sich näher mit Comics befassen wollen, anschauliche Informationen vermitteln – als motivierender Anstoß gedacht, sich intensiv(er) mit konkreten Beispielen zu beschäftigen. Dazu zählen neben einer Darlegung der spezifischen Erzähl- und Darstellungsweisen auch Hinweise zur spezifischen Leseanforderung sowie – für Vermittler – Anregungen, wie man spielerisch mit Comics umgehen kann. Eigene ästhetische Praxis ist dabei selbstverständlich eingeschlossen.

Den Skeptikern sei gesagt: Es lohnt sich, auf Comic-Entdeckung zu gehen und gezielt aus dem Angebot auszuwählen. Es gibt inzwischen eine Fülle von Alben, die zu lesen sich lohnen, die Genuß auf differenzierten Ebenen bereiten, die Neues bieten, die Anlaß zum Nach-, Über- und Weiterdenken geben, die demonstrieren, welche erzählerische Qualität in der Bildgeschichte steckt. Das System von Angebot und Nachfrage bestimmt auch den Comic-Markt. Je kritischer, je anspruchsvoller das Publikum ist, desto vielfältiger, desto qualitätvoller wird auch das Angebot sein!

I   Comics und das ›Prinzip Bildgeschichte‹

Was meint ›Comic‹?

›Comic‹ meint komisch, komödiantisch; und die englischen Karikaturen des 18. Jahrhunderts (Comic prints) sowie die englischen Witzblätter des 19. Jahrhunderts (Comic cuts), die neben Texten einzelne Witzzeichnungen und lustige Bildgeschichten enthielten, trugen den Begriff zu Recht: Es sollte gelacht werden. Die US-amerikanischen Comics basieren auf dieser Tradition. In Inhalt und karikaturistischem Zeichenstil waren die ersten Comic strips, die Bildgeschichtenstreifen, komisch gezeichnete Alltagskomödien, Slapstick-Klamauk, der mit Witz und partieller Satire unterhalten wollte. Wer heute von ›Comics‹ spricht, meint nicht allein lustige Geschichten, sondern jede inhaltliche und grafische Form massenmedialer Bildgeschichten. Die ursprünglichen komischen Comics firmieren heute unter dem Begriff ›funnies‹, neben denen die ›adventure-‹ beziehungsweise ›action-comics‹ das Angebot bestimmen; findige Rezensenten sprechen zudem noch von ›semi-funnies‹ und meinen damit Abenteuergeschichten mit inhaltlich/zeichnerisch humoristischen Elementen. Die Übernahme des Genrebegriffs Comic ist zunächst unsere typisch deutsche eilfertige Verbeugung vor der Dominanz des US-Massenmarktes. Der Unterscheidung zwischen ›Comic‹ und ›Bildgeschichte‹ (womit dann zum Beispiel die Wilhelm Buschs gemeint sind), wie sie während des Schund-und-Schmutz-Kampfes wertend benutzt wurde, kann ich nicht folgen. Vielmehr möchte ich vom *Prinzip Bildgeschichte* sprechen als einem übergeordneten Begriff, der allgemein das Erzählen in Bildern meint. Nach diesem Verständnis ist ›Comic‹ ein kennzeichnender Begriff, meint eine bestimmte Form der Bildgeschichte, womit ausgesprochen ist, daß es unterschiedliche Formen gab und gibt. Die Bildgeschichte – als Erzählprinzip – hat eine lange Tradition und im Verlauf ihrer Geschichte unterschiedliche Versionen und Arten hervorgebracht, die von jeweiligen Zeiterscheinungen mitgeprägt wurden.

Spezifika einer Comic-Geschichte

Ein erstes Beispiel (Abb. 1) einer Comic-Geschichte soll dazu dienen, Überblick über die einzelnen Aspekte zu verschaffen. Ich habe die Kurzgeschichte *Herzschmerz* aus der belgischen Serie *Boule & Bill* gewählt, die mir als Demonstrationsobjekt gut geeignet scheint, die die Internationalität der Comics verdeutlicht und zugleich der Comic-Tradition unseres Nachbarlandes Reverenz erweist.

Medium

Herzschmerz ist eine Acht-Bilder-Geschichte, die als Seite 7 eines insgesamt 48 Seiten starken, vierfarbig gedruckten Comic-Albums im A4-Hochformat vorliegt (↗ S. 19). Der deutsche Lizenznehmer Delta hat vom Brüsseler Verlag Dargaud Benelux die farbigen Offset-Druck-Filme übernommen, die ohne Schrift, mit offenen Sprechblasen geliefert werden. Der französische Text wurde ins Deutsche übersetzt, gelettert und eingefügt. Nachdem man jahrelang den deutschen Text eindruckte, sind inzwischen auch hierzulande nach Protesten der Comic-Leser die Verlage dazu übergegangen, den Text handzulettern, was Bild und Schrift besser als grafische Einheit bindet. Das Album, das langfristig auf dem Markt (Zeitschriftenmarkt, Comic-Läden, Buchhandel) angeboten wird, hat sich als wichtiges Medium der Comics durchgesetzt. Der Begriff ›Medium‹ soll hier im Sinne der Kommunikationstheorie benutzt werden, das heißt, Comic ist danach nicht Medium, sondern eine spezifische Erzähl- und Darstellungskunst, die ein Medium, einen materiellen Vermittlungsträger – hier das Printmedium Album – benutzt.

Nach einem einfachen, aber anschaulichen Modell der Massenkommunikation unterscheiden wir Kommunikator (dazu zählen Auftraggeber, Autor/Zeichner, Vermittler), Rezipient (Käufer, Leser), Aussage (was inhaltlich/ästhetisch vermittelt wird) und Medium (technischer, materieller Träger/Vermittler dieser Aussage). Die einzelnen Faktoren dieses Kommunikationsmodells beeinflussen sich dabei gegenseitig, wobei natürlich die gesellschaftliche, zeitliche Einbettung mit zu sehen ist.

Im Verlaufe ihrer Entwicklung hat die Bildgeschichte die unterschiedlichsten Medien benutzt: Höhlenwände, Innen- und Außenwände von Gebäuden, Glasfenster, Vasen und Schalen, Tonplatten, Teppiche, Säulen, Holztafeln, Leinwände, Pergamentbögen (Rolle, Buch). Es ist einsichtig, daß die Bedingungen des Mediums auch die Art der Bildgeschichte prägen – über die künstlerische Technik (gezeichnet, gemalt, gestickt, gewebt, appliziert, aus Stein gemeißelt, in Ton modelliert), durch das Format (Größe, Anordnung der Einzelbilder z.B. als kontinuierlicher Wandfries, als neben- und untereinander plazierte Szenenfolge, als Bildstreifen, der sich um einen Säulenschaft windet). Die Wahl des Mediums hängt ab von den (technischen) Möglichkeiten einer Zeit, von Inhalt und Funktion, die die Bildgeschichte erfüllen, von der Zielgruppe, die angesprochen werden soll. Entsprechend werden die Bildsprache, die Verständlichkeit und damit Stil und Dramaturgie der Bildgeschichte geprägt.

Vervielfältigungstechniken sowie die Verfügbarkeit von Papier bieten neue Möglichkeiten. Ein Medium wie der einseitig mittels Holzschnitt vielfach gedruckte Bilderbogen ist kein Unikat mehr, sondern kann in hoher Auflage viele Menschen erreichen. Das einzelne Blatt läßt sich mit einem Bild (mit und ohne Text) bedrucken wie mit einer Bildfolge, die zumeist in unserer vertrauten Leserichtung geordnet ist. Die Erfindung des Tiefdrucks (Kupferstich, Radierung) ermöglicht höhere Auflagen, eine feine, detaillierte Ausführung. Mitte des 18. Jahrhunderts läßt der Engländer William Hogarth seine in Öl auf Leinwand gemalten Bildgeschichten von den damals versiertesten französischen Kupferstechern vervielfältigen. Seine Bildgeschichten bestehen aus mehreren einzelnen Blättern, je nach Inhalt und Ausführung zu unterschiedlichen Preisen einem differenzierten Publikum angeboten. Hogarth' Zyklen haben so großen Erfolg, daß er bald über hohe Verluste durch Raubdrucke klagt und als Gegenwehr – zum ersten Mal in der Druckgeschichte – ein einklagbares Urheberrecht erstreitet. Anfang des 19. Jahrhunderts werden neue Drucktechniken, die Lithographie und der Holzstich, auf breiter Basis genutzt. Illustrierte Zeitschriften, satirische Blätter, Familienunterhaltungsblätter entstehen und greifen neben Textbeiträgen und einzelnen Karikaturen Bildgeschichten auf. Auch das Medium Bilderbogen erhält neuen Auftrieb, wird – vor allem in Deutschland und Frankreich – zu einem populären Unterhaltungsmedium. Offizien in Epinal, in Weißenburg, in Neuruppin, in München, in Stuttgart produzieren Massenauflagen, die zum Teil in alle Welt gehen. Die Bilderbögen bieten vielerlei: Ausschneidebögen, Einzelbilder, Würfelspiele und natürlich Bildgeschichten, deren erfolgreichste, oft zu Büchern zusammengefaßt, erneut angeboten wurden.

Unser *Boule & Bill*-Album ist mit seiner Sammlung von Einzelgeschichten diesen Büchern medial vergleichbar.

Auch in den USA sind die Bilderbogen-Bildgeschichten beliebt, doch werden sie - in den Wochenendbeilagen - dem Medium Zeitung einverleibt. Dieses Medium ist es, das nun in hohem Maße die Form der Bildgeschichte verändert und die sogenannten Comics gebiert. Neben den Wochenendbeilagen nehmen auch die Tageszeitungen – als Comic strip – Bildgeschichten auf. Am 16. 2. 1896 erscheint in Pulitzers »New Yorker World« *The Yellow Kid*, gezeichnet von Richard Outcault (als Nebenfigur im blauen Hemd schon in »Sunday World«, 5. 5. 1895). Während die lithographierten Bilderbogen mittels Schablonen koloriert wurden (oft in Kinderarbeit), gelingt es hier, eine schnelltrocknende gelbe Farbe zu entwickeln, die im Zeitungsdruck eingesetzt werden kann. Outcaults pfiffiger Junge erscheint in einem gelben Nachthemd und wird ein Riesenerfolg. Während die europäischen Bildgeschichten in der Regel abgeschlossene, einmalige Geschichten präsentieren, wird hier die Endlos- und Fortsetzungsserie geboren, die gewissermaßen zum Markenzeichen, zum Verkaufsmagneten der Zeitung wird. Ein Jahr später erscheinen - angelehnt an die 1870 ins Amerikanische übersetzten *Max und Moritz* von Wilhelm Busch - *The Katzenjammer Kids*. Weitere Serien folgen. Es entstehen Syndikate, die Comic-Serien produzieren und an Zeitungen verkaufen. 1933 wird ein Heft in der Auflage von 10 000 Exemplaren als Werbegeschenk für eine Firma gedruckt, das Nachdrucke beliebter Serien enthält. Ein neues Medium, das Comic book (Heft), ist geboren, das dann auch bald eigens geschaffene Geschichten präsentiert. Vom Werbegeschenk mausert es sich zum eigenständigen Verkaufsobjekt, zur industriell produzierten und vermarkteten Ware. Zeitung, Heft, Album und Buch (insbes. Taschenbuch) sind heute die Medien der Comics, wobei ihre Geschichten und Figuren eng mit Film und Fernsehen, Werbung, Spielzeug, Dekor für vielerlei Produkte verwoben sind.

Unsere Serie erscheint am 24. Dezember 1959 zum ersten Mal, als Beilage des Comic-Magazins »Spirou«. Die kurzen Geschichten werden dann wöchentlich direkt ins Heft übernommen; inzwischen sind es weit über 1000, die auch in bislang 22 eigenen Alben auf dem französischsprachigen Markt großen Erfolg haben. In Deutsch erschien die Serie unter dem Titel *Schnief und Schnuff* bei Kauka und Todos, als *Pico & Bello* und jetzt unter dem Originaltitel bei Delta.

Autor/Zeichner

Erdacht und gezeichnet wird *Boule & Bill* von dem Belgier Jean Roba (geb.1930), der die Zeichenakademie in Molenbeek besuchte. Es ist nicht selbstverständlich, daß eine Serie in der Hand eines Künstlers liegt. Schon die Massenproduktion der Bilderbogen-Bildgeschichten führte dazu, daß angelernte Zeichner beschäftigt wurden, zu oft nur geringem Lohn, vorgeschriebenen Inhalten verpflichtet, oft weniger mit eigener zeichnerischer Leistung denn mit mehr oder weniger gekonntem Kopieren und Variieren beschäftigt. Auch die sehr knapp bemessene Produktionszeit der Comic-Serien führte zur Einrichtung von Studios, in denen arbeitsteilig produziert wurde, in denen sich junge Zeichner ganz dem Stil der Serie beziehungsweise der Zeichenschule anpassen mußten. Wenn bekannte Künstler wie Moritz von Schwind, Graf Pocci oder Wilhelm Busch zum Beispiel für die *Münchener Bilderbogen* arbeiteten, dann war ihre Namensnennung für den Verlag willkommen, weil werbewirksam. In den Anfangszeiten der Comics hatte der Zeichner noch gewissen Einfluß. Die Serien liefen unter seinem Namen, vor allem, wenn ein bekannter Maler wie Lyonel Feininger eine Comic-Serie (*The Kinder-Kids*; 1906 in »The Chicago Sunday Tribune«) kreierte. Die Rechte jedoch, wie verschiedene Prozesse nach dem Wechsel eines Zeichners zu einer anderen Zeitung zeigten, gehörten ihm nicht allein, sondern auch dem Auftraggeber. Mit zunehmender Vermarktung waren weniger die Zeichner- denn die Produzentennamen als Markenzeichen für den Verkauf wichtig. Was ein Heer von Zeichnern in den Disney-Studios für Zeichentrickfilme, Comic strips und Comic books produzierte, lief unter »Walt Disney« – und viele glauben heute noch, er selbst sei Erfinder und Zeichner seiner Geschichten. Seit einigen Jahren allerdings zeichnet sich gegenüber der anonymen Massenproduktion der Trend zum Autorencomic ab. Nicht immer ist ein guter Zeichner auch ein guter Geschichtenerfinder und -erzähler; vielfach ist Teamarbeit Basis des Erfolgs, wie die Zusammenarbeit des legendären Ideenproduzenten und Texters Goscinny mit den Zeichnern Uderzo (*Asterix*) oder Morris (*Lucky Luke*) zeigt. Und natürlich ist spezialisierte Arbeitsteilung auch durchaus sinnvoll. Es gibt Experten für die Kolorierung, für die Schrift. Nichts Ungewöhnliches, wenn wir an die Werkstattarbeit der bildenden Künstler früherer Zeiten denken. Noch können nur wenige Comic-Artisten von ihrer Arbeit leben; oft sind sie auf Auftragsarbeit, oft auf Werbegrafik angewiesen. Jean Roba gehört zu denen, die Erfolg haben; seine Serie ist unverwechselbar mit ihm, mit seinem Namen verbunden. Er konnte seinen Broterwerb in der Werbebranche aufgeben und sich – in eigener Verantwortung – ganz seiner Comic-Kunst widmen.

»Drrriiing« rasselt der Wecker und hüpft scheppernd auf der Nachttischplatte in die Höhe. Auch der Cocker mit den langen Ohren und der ausgeprägten Schnauze ist erschrocken und, offensichtlich aus dem schönsten Schlaf gerissen, in die Höhe gehüpft. Er hat auf einer Bettdecke geschlafen, unter der nun, wie die Mimik zeigt, noch sehr verschlafen, ein kleiner Rotschopf seinen Arm vorstreckt, um den Wecker abzustellen. Im nächsten Bild sitzt er auf dem Bett, reckt und streckt Arme und Beine und gähnt herzhaft. Unter den betretenen Blicken eines Vogelpaares, das Motiv eines Bildes an der Wand ist, sich aber wunderbarerweise in das Geschehen kommentierend einbringt, krallt sich der Cocker mit greinendem Gesicht an die Schlafanzugjacke des Jungen. Seine Pose wird von Bild zu Bild eindringlicher, theatralischer: Während der Junge aus dem Zimmer tappt, klammert er sich an ihn, umfaßt jammernd seine Beine während des Zähneputzens im Badezimmer, bemüht sich klagend, doch vergebens, das Anziehen zu verhindern, läßt sich heulend die Treppe hinunterschleifen, um zutiefst verzweifelt dem Frühstück beizuwohnen. Im Kontrast zu dieser Jammer-pose behält der Junge einen stoisch gelassenen Gesichtsausdruck, der deutlich signalisiert, daß er die Szene des Hundes nicht für reagierenswürdig erachtet. Im letzten Bild sehen wir den Knirps mit seiner Schultasche auf der Straße. Greinend hält ihn der Cocker umschlungen und läßt sich mitschleifen. Höchst irritiert betrachtet ein Erwachsener die Szene. Einem zweiten Jungen, der ebenfalls fragend zuschaut, erklärt der Rotschopf - und damit auch dem Leser - in einer Sprechblase:
»Jedes Jahr nach den großen Ferien dasselbe Theater! Aber diesmal übertreibt er wirklich ein bißchen!«
In dieser wie in den anderen Kurzgeschichten erzählt Roba Alltagsepisoden, in deren Mittelpunkt eine kleinbürgerliche Familie steht. Neben den hier auftretenden Personen spielen als festes Personal weiterhin noch Boules Eltern, die Schildkröte Klara sowie diverse Nebenfiguren, Freunde, Nachbarn, mit. Die kleinen Tücken und Probleme des Alltags, Nöte und Sorgen, die Kontroversen zwischen Alt und Jung, den Geschlechtern, Mensch und Tier, Pflichten und Spiel werden thematisiert. Die Geschichten enden mit einer überraschenden Pointe, die schmunzeln und lachen läßt.

Die (witzige) Familiengeschichte wie die Lausekindergeschichte gehören zu den beliebtesten Stoffen der Bilderbögen wie der frühen Comics. Während die Bilderbögen in der Regel abgeschlossene, einmalige Geschichten präsentieren, sind die Comic-Geschichten – wie

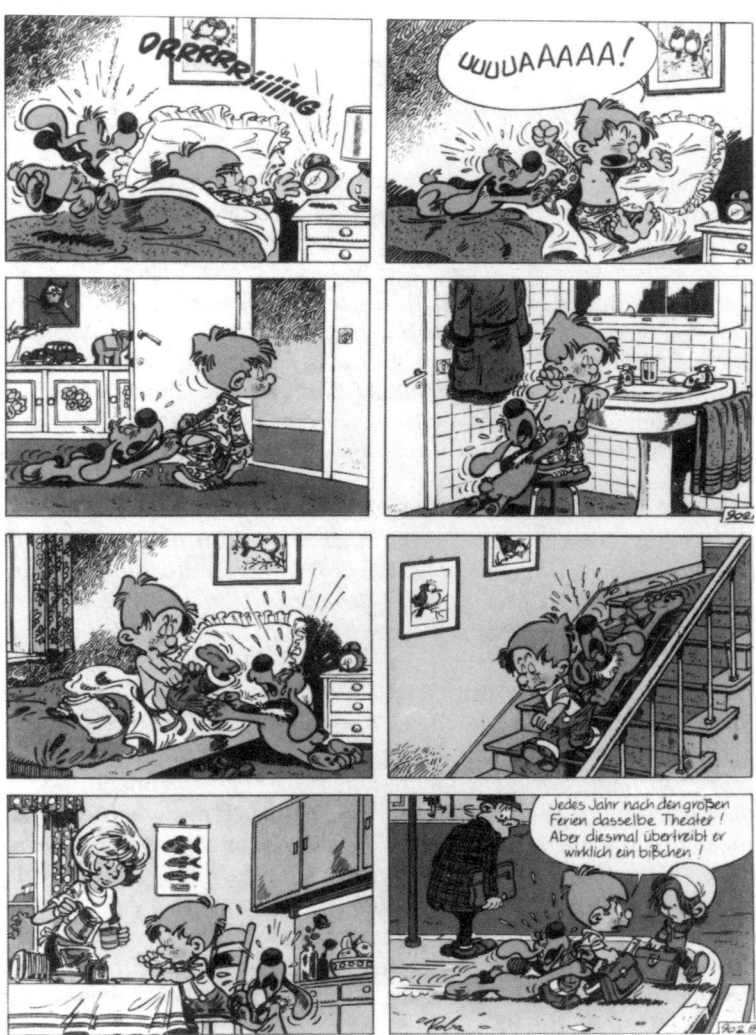

Abb. 1

auch unser Beispiel – meist als Serie angelegt. Die wiederkehrenden Akteure, die sogenannten stehenden Figuren, sind in Aussehen und Charakter fest umrissen und werden den Lesern lieb und vertraut. Wenn man so will, ist der Tod (der Knochenmann) eine der ersten stehenden Figuren, wie wir ihn zum Beispiel aus der berühmten *Totentanz*-Folge (1520) von Hans Holbein kennen. Auch im 18.

und 19. Jahrhundert gab es stehende Figuren in einer Folge von Episoden, so *Dr. Syntax* von Thomas Rowlandson, *Johnny Newcome*, der von William Holland wie von William Elmes gezeichnet wurde, *Robert Macaire* von Honoré Daumier, der *Abgeordnete Piepmeyer* von Johann Hermann Detmold und dem Zeichner Adolf Schrödter. Doch erst in den regelmäßig erscheinenden Zeitungscomics wird die stehende Figur nicht Ausnahme, sondern dominant. Die *Katzenjammer Kids* Hans und Fritz, Swinnertons *Little Jimmy*, Outcaults *Buster Brown*, Crosbys *Skippy*, McCays *Little Nemo*, Fishers *Mutt und Jeff*, die Mitglieder von Tuthills *Bungle Family*, in Frankreich *Bécassine* von Jean-Pierre Pinchon und viele andere sind Akteure, die ewig leben, nicht altern, nicht dazulernen, ihre Verhaltensweisen und Charaktere beibehalten. Nur wenige der klassischen Comic-Helden entwickeln sich und werden älter – so Harold Fosters *Prince Valiant* [Prinz Eisenherz], der sich vom Kind zum Erwachsenen, zum Ehemann, zum Vater entwickelt. Die stehende Figur soll ja auch nicht als Akteur einer ›Entwicklungsgeschichte‹ nach dem klassischen Beispiel der Bildromane von William Hogarth (z. B. *A Rake's‹ Progress*, 1733) oder seines deutschen Adepten Johann Heinrich Ramberg (*Strunk der Emporkömmling*, 1822/25) auftreten, sondern exemplarisch einen Typus in immer wieder variierten, auf ihn zugeschnittenen Situationen vorstellen.

Neben den humorvollen Geschichten gibt es in den Bilderbögen auch andere Stoffe: Märchen, Abenteuergeschichten (neu entwickelte wie auch Übertragungen aus der Textliteratur). Feininger erzählt in seiner Serie *Die Kinder-Kids* (1906) eine spannende, skurrile Reise- und Verfolgungsgeschichte, natürlich mit witzigen, slapstickhaften Elementen durchsetzt. Auch Winsor McCays *Little Nemo* (1905/11) enthält Komisches, doch er ist keine ›lustige Serie‹, kein Funny, sondern eine spannende, oft abenteuerliche Traumgeschichte. Die meisten Kindercomics, auch die, in denen vermenschlichte Tiere als Akteure auftreten – wie in *Felix* oder *Micky Maus* – verbinden spannende Abenteuer- und Kriminalgeschichten mit witziger Unterhaltung.

1929 erscheinen zwei Comic-Serien neuen Typs. Die eine, *Tarzan*, ist eine spannende, abenteuerliche Dschungelgeschichte, die auf den Romanen von Edgar Rice Borroughs basiert. Diese Serie, zu deren wichtigsten Zeichnern Harold Foster und Burne Hogarth zählen, wird bald erfolgreicher als ihre Quelle. Die Serie *Buck Rogers*, von Dick Calkins gezeichnet, ist der erste Science-fiction-Comic. Auch sie wird durch Textliteratur, Phil Nowlans *Armaggedon 2419 A.D.*, angeregt, der selbst die (weiteren) Stories schreibt. Wirtschaftliche Erwägungen, die Konkurrenz der (Text-) Heftchenromane, die Rezession, die viele Menschen in eine wirtschaftlich schwierige Lage gebracht hatte und damit die partielle Flucht in die Traumwelt der Unterhaltung forcierte, mögen Gründe für diese neue Entwicklung sein. Die Abenteuercomics, die zunächst als Comic strips, aber schon bald auch in Heftform erscheinen, erobern den Markt. 1931 erscheint die Detektivgeschichte *Dick Tracy* von Chester Gould, 1934 schafft Alex Raymond die Abenteuerfolge *Jungle Jim* und im selben Jahr seine berühmte Science-fiction-Serie *Flash Gordon*, 1936 bringen Lee Falk und Ray Moore das legendäre *Phantom* auf den Markt, und 1938 schließlich betritt mit *Superman* von Jerry Siegel und Joe Shuster der Ahnherr aller Superhelden die Comic-Bühne. Heute ist das inhaltliche Angebot der Comics so umfangreich und vielfältig wie das der Textliteratur, wobei sich – vermehrt seit einigen Jahren – der auf wenige Alben konzentrierte abgeschlossene Comic-Roman neben den Serien etabliert hat. Krimi, Western, Science fiction, Reiseabenteuer, Robinsonaden wie Märchengeschichten, Fantasy, Rittergeschichten, Horror- und Kriegscomics machen neben den humorvollen bis satirischen Comics und einer Vielzahl von Mischformen das Angebot aus. Neben eigenen Erfindungen sind die Stoffe vielfach Übernahmen, aus Mythen, Sagen und Märchen, aus Volksbüchern, Theater und Textliteratur adaptiert. Ein prinzipiell vertretbares Verfahren, das wir ja auch zwischen anderen Erzählkünsten (mündliche Überlieferung, Textliteratur, Theater, Puppenspiel, Film, Fernsehspiel) kennen und das hier wie dort gelungene wie auch mißlungene Beispiele aufweist. Wesentlich ist nicht eine ›exakte Übertragung‹, sondern eine dem Charakter des Stoffes angemessene Neudarstellung, adäquat den Erzähl- und Darstellungsspezifika der Bildgeschichte.

Intention

Roba will den Leser mit seiner Comic-Geschichte unterhalten. Er will weder zu etwas überreden noch bestimmte Werte anerziehen oder Kenntnisse vermitteln. Es soll gelacht werden – in diesem Fall über das übertrieben-theatralische Verhalten des Hundes Bill. Natürlich vermittelt sich auch in dieser Geschichte etwas, das der Leser abstrahierend auf andere Lebenssituationen beziehen mag. ›Dienst ist Dienst und Schnaps ist Schnaps‹ als ebenso banale wie alltagsprägende Feststellung bestimmt Boules stoisches Verhalten, übertragen auf die Trennung von Schul- und Ferienzeit; nur Hund Bill mag das nicht einsehen. Ohne bewußte zielgerichtete Intention wird so ein gesellschaftlich konformes Wertebewußtsein und ein entsprechendes Verhalten positiv akzentuiert. Das Verhalten Bills wird als lächerlich und damit falsch, das Boules als souverän, unerschütterlich und damit vorbildhaft dargestellt. Und da der Leser, insbesondere der jüngere, dazu neigt, sich mit den Protagonisten zu identifizieren, wird er kritiklos wie selbstverständlich Boules Standpunkt übernehmen und so die verborgene ›Moral‹ akzeptieren. (Wobei der informierte Leser natürlich weiß, wie eng das Freundschaftsverhältnis von Boule und Bill ist!) In anderen Geschichten ist das noch deutlicher: wenn Roba Fehlverhalten im Verkehr, Angeberei, Leichtsinn, Lügen oder ähnliches unserem Verlachen preisgibt. Die papierne Comic-Welt wird, so künstlich sie auch ist, stets der eigenen Erfahrungswelt gegenüber gesehen, was fast automatisch dazu führt, Verbindungen, Vergleiche herzustellen, die innere Logik der Geschichten als Exempel auf Wirklichkeit zu übertragen, die Comic-Welt als Welt-Modell zu verstehen – wenn nichts dagegen spricht, ihre Nähe zur erfahrenen eigenen oder geglaubt möglichen Wirklichkeit zu spüren.

Als bewußtes und gezieltes Erziehungsmittel wurde die Bildgeschichte schon früh eingesetzt. Altarbild und Märtyrerfries, Passionszyklen und Armenbibel wollten religiös unterrichten, belehren und erziehen. Heinrich Hoffmanns *Struwwelpeter*, eine der ersten gezielt für Kinder geschaffenen Bildgeschichten, zieht die beispielhafte Strafgeschichte heran, um gesellschaftlich konforme Werte und Verhaltensmodi anzuerziehen. Die Bilderbögen wimmeln von solchen pädagogischen Bildgeschichten. Die *Erzählung vom artigen Lottchen*, das fleißig und ordentlich all das tut, was die Erwachsenen von ihm verlangen, zeigt als positive Vorbildgeschichte, was Wohlverhalten bringt: einen braven Mann und eine gesicherte Zukunft. Ihr wird die *Erzählung von der unartigen Emma* entgegengestellt. Emma zerbricht ihre Spielsachen, reißt Blumen ab, zankt sich mit den Freundinnen, tut nicht, was die Mutter sagt. Folgerichtig landet sie im Gefängnis und muß dann ihren Lebensunterhalt erbetteln. (Oehmigke & Riemschneider, Nr. 83064) In vielen seiner Bildgeschichten hat Wilhelm Busch diese penetrante pädagogische Praxis ironisiert und parodiert. Das Mißverhältnis zwischen böser Tat und Strafe, zum Beispiel in *Max und Moritz*, klagt vielmehr Unverständnis und Rach- und Herrschsucht des Kleinbürgers an; und in *Plisch und Plum* entlarvt er die bürgerliche, auf Gewalt und Gehorsam gründende Erziehungspraxis als unwürdigen Dressurakt.

Die meisten Comic-Geschichten verzichten auf eine direkte pädagogische Intention. Freilich, indirektes Erziehungsmittel,

›heimliche Erziehung‹ sind sie schon, wenn sie – unreflektiert – gesellschaftskonforme Normen und Werte als positiv, als selbstverständlich zeigen. Problematisch sind vor allem solche Geschichten, in denen Gewalt als Lösungsmittel wie ›naturwüchsig‹ vorgestellt wird, in denen passive, hilflose Menschen die Lösung ihrer Schwierigkeiten einem übermächtigen Helden anvertrauen und sich ganz auf ihn verlassen. Da können – vielleicht ganz unbeabsichtigt – eurozentristische Positionen verfestigt werden, wenn erst der kluge Weiße den ›Unterentwickelten‹ hilfreich zur Seite stehen muß, wenn durch Sprache und visuelle Kennzeichnung Klischees, Vorurteile (z.B. Ausländern, Randgruppen gegenüber) bestärkt werden, wenn tradierte Geschlechterrollen den männlichen und weiblichen Protagonisten zugeschrieben sind. Eine ideologieverhaftete Erziehung muß nicht immer so direkt und platt erfolgen, wie sie in vielen Geschichten der DDR-Zeitschrift »Atze« zu finden war. Meist ist es gar nicht die Propagierung und das betont positive Herausstellen von Werten und Weltsicht, sondern die spannende oder witzige Geschichte, die ganz unbefragt, wie selbstverständlich in einem spezifischen gesellschaftlichen Umfeld angesiedelt ist, die gewissermaßen nebenher, unbewußt Erziehungsfunktion ausübt. Nun darf man dabei die Leserschaft nicht unterschätzen. Das Schreckbild »Struwwelpeter« hat sich – ganz entgegen der Absicht seines Autors – zur Lieblingsfigur der Kinder gemausert, und mir bleibt stets in Erinnerung, wie meine kleine Tochter, lustvoll und vergnügt am Daumen lutschend, die Geschichte vom Daumenlutscher goutierte. Die Comics sind nur ein kleiner Faktor in der Sozialisation von Kindern; wenn freilich dieselben Aussagen in vielen anderen Medien ähnlich vermittelt werden, wächst ihre Bedeutung. Dennoch meine ich, daß wir Kindern durchaus skeptisch-kritische Kompetenz zutrauen dürfen; und je breiter und vielfältiger das Angebot ist, das sie wahrnehmen, um so mehr relativieren sich Aussagen. Comics, die offen und direkt gegen das demokratisch-humanistische Wertesystem verstoßen, sind zum Glück selten; verantwortungsbewußte Erwachsene sollten sie Kindern allerdings nicht alleine in die Hand geben.

Nun kann die Bildgeschichte aber ebenso vorzügliches Mittel sein, aufklärend, provozierend, verunsichernd zu wirken. Hogarth' »Modern Moral Subjects«, wie er seine Bildgeschichten nannte, zielen auf moralische Belehrung – wobei Moral hier nicht verstaubt und trocken, sondern positiv im Sinne der Aufklärer zu werten ist: als ein Maß, an dem sich in eigener Verantwortung menschliches Handeln zu messen hat.

Hogarth' Geschichten sind Satiren; er kritisiert durch Übertreibung, gibt unter anderem die Geld- beziehungsweise Titelsucht des englischen Schwertadels und des reichen Bürgertums als Triebfeder der Verheiratung dem Spott preis. Gesellschaftskritische und politische Satiren in Bildgeschichtenform füllen die Seiten vieler Zeitschriften des 19. Jahrhunderts, und auch heute gibt es viele Comics, die sich der Satire verschrieben haben. Da entlarven auf humorige bis zynisch bissige Weise Schulz mit seinen *Peanuts* und Quino mit *Mafalda* die verdeckten Mängel der westlichen Gesellschaft, wobei ihre Protagonisten in der scheinbar niedlichen Maske von Kindern auftreten. Walt Kelly hält uns in *Pogo* mit vermenschlichten Tieren den kritischen (politischen) Satirespiegel vor. Claire Bretécher ironisiert in *Die Frustrierten* die Alt-Achtundsechziger – der deutsche Leser kann recht problemlos die französische Sicht übertragen. Selbstironisch kommentieren die Bildgeschichten von Franziska Becker den Kampf der Geschlechter. Die Underground comix der siebziger Jahre zielen provozierend auf die sterile Spießermentalität kleinbürgerlicher Wattewelten ab ... Auch eine Fülle von Parodien findet sich im Comic-Angebot. Da durchleuchtet Will Eisners *Spirit* die unbeugsame Krimiheldenfigur, veralbert *Flattermann* von Kurt und Wenzel Kofron in gelungener Synthese das Pathos von Batman und Superman, einschließlich einer Gesellschaft, die scheinbar ihrer bedarf. Natürlich – die Parodie zeitigt nur dann Wirkung, wenn das Original bekannt ist, zielt also auf Insider. Die parodistische Intention kann auch ›nach hinten losgehen‹, so geschehen bei einer der frühen und bekanntesten bundesdeutschen Comic-Serien, *Nick Knatterton* von Manfred Schmidt (1950/61 in »Quick«, danach mehrfach als Broschüre und in Sammelbänden aufgelegt). Die Serie war ursprünglich entworfen worden, um die Comic-Form selbst zu ironisieren und lächerlich zu machen. Doch Schmidts knallharter Detektiv begeisterte wider Erwarten das Publikum – worauf die satirische Kritik sich auf das Genre Krimi sowie die politischen Zustände in der BRD kaprizierte.

Das große Angebot der trivialen stereotypen Massenware hat lange verdeckt, daß auch Comics inhaltlich anspruchsvolle Lektüre sein können, nicht nur unterhaltend, sondern auch aufklärend, reflexiv, denkprovokant, kritisch. Beispiele von Comic-Romanen unterschiedlicher Art demonstrieren das. Schon 1968 legte Meysenbug unter anderen mit *Supermädchen* ein Comic-Buch vor, das ideologiekritisch gegen Konsumvermarktung zu Felde zog. Die sogenannten Sachcomics nutzen die Anschaulichkeit der Bildgeschichte, um auch trockene Stoffe unterhaltsam zu vermitteln. Das reicht vom Aufklärungscomic für Kinder (*Peter, Ida und Minimum*, Ravensburg: Otto Maier) über die Reihe *Durchblick* (Daniel Düsentrieb erklärt Computer, Eisenbahn, Schiffe u.a.m.; Stuttgart: Ehapa) bis zu der Reihe ... *für Anfänger* bei Rowohlt (Marx für Anfänger, Freud ..., Atomkraft ..., Umwelt ..., Welternährung ..., Einstein ...). Diskussionswürdig ist die in zwei Bänden erschienene *Hitler*-Biographie von Friedemann Bedürftig und Dieter Kalenbach (Hitler. Hamburg: Carlsen). Wie hoch die Vermittlungskraft und Anschaulichkeit der Comics eingeschätzt wird, macht auch ihre ständig steigende Verwendung in der Werbung deutlich, von der Produktwerbung bis zum Werbegeschenk für Kinder, wie zum Beispiel die Comiczeitschriften »Knax« der Sparkassen und »Mike« der Raiffeisenbank.

Zielgruppe

Die Serie *Boule & Bill* wendet sich – nicht zuletzt durch den Protagonisten Boule kenntlich – an Kinder. Während für jüngere Kinder das Bilderbuch – das ja auch zumeist Bildgeschichten bietet (die inzwischen vielfach ›Comic-Elemente‹ einbeziehen) – gedacht ist, sie mit größeren Bildern, einer inhaltlich auf die Zielgruppe bezogenen Geschichte, vielfach kurzem Text zum Vorlesen anspricht, richten sich Kindercomics an eine Zielgruppe, die bereits lesesicher ist. So ist das häufigste Comic-Lesealter zwischen 9 und 12 Jahren anzusiedeln. Boule entspricht im Alter – und auch mit seinen Wünschen und Problemen – dieser Zielgruppe und bietet so eine nahe Identifizierungsmöglichkeit. Für Ältere – und hier ist, wie schon gesagt, der Markt in den letzten Jahren deutlich gewachsen – gibt es ein spezifisches, inhaltlich wie auch in der Komplexität der Erzählung und Darstellung auf deren Interessen- und Erfahrungshorizont zugeschnittenes Angebot.

Boule & Bill spricht aber ebenso Erwachsene an; ein ›Familiencomic‹, kann man sagen, denn in vielem können sich auch die Großen wiedererkennen, ja, manche Episode vermag einen ironisch-kritischen Spiegel vorzuhalten, gibt Anlaß zum Nach- und Überdenken.

Der bereits erwähnte William Hogarth hat viele seiner Geschichten ganz bewußt zielgruppenspezifisch produziert. Das ist einmal aus den angesprochenen Inhalten abzulesen, die sich an Adel, Bürgertum oder Unterschicht wenden, zum anderen an der Preisgestaltung, die mit dieser Zielgruppenzuweisung korrespondiert.

Eine Serie wie *Die Heirat nach der Mode,* deren Adressat Adel und Großbürgertum ist, war deutlich teurer als eine Serie für das ›gemeine Volk‹. Die Bilderbögen waren ursprünglich populäre Lektüre für groß und klein. Erst in der zweiten Hälfte des 19. Jahrhunderts wurde gezielt für Kinder produziert, was sich zum Beispiel in der Zunahme der Märchenstoffe, leider auch in der oft wenig sorgfältigen Produktion spiegelt. Die *Münchener Bilderbogen* wie die *Deutschen Bilderbogen* (Stuttgart) wandten sich gezielt an Kinder des Bildungsbürgertums. Sie legten hinsichtlich Stoffwahl und künstlerischer Gestaltung großen Wert auf Qualität und waren auch entsprechend teurer als beispielsweise die Produkte aus Neuruppin.

Comics pauschal als Kinderlektüre zu bestimmen, wie das lange Zeit üblich war, ist falsch. Sicher können, leichter als bei der Textliteratur und vergleichbar mit dem Fernsehen, Kinder auch zu Geschichten Zugang finden, die eigentlich für Ältere gedacht sind. Doch nur, was auch wirklich ihr Interesse anspricht, wird aufmerksam studiert. Und manchmal erobern sich Kinder auch eine Lektüre. Die Anschaulichkeit der Bildgeschichte läßt prinzipiell diese Chance offen. Die frühen Comic strips in den US-amerikanischen Zeitungen waren Lektüre für alle, sprachen in ihrer Inhaltlichkeit den Erfahrungsbereich von Kindern wie von Erwachsenen gleichermaßen an.

Zeichenrepertoire

In unserer Roba-Geschichte dominiert, wie in den meisten Comics, das ikonische Zeichenmaterial, das heißt Bildelemente, die aufgrund der Ähnlichkeit mit dem Gemeinten dank der Seherfahrung des Betrachters identifizierbar sind. Hier sind das einmal die Akteure: der Junge Boule, wiedererkennbar als gleichbleibende Figur an seinem roten Schopf, der ausgeprägten Physiognomie, dem gelben, rotgepunkteten Schlafanzug beziehungsweise – ab Bild 5 – der blauen Hose, dem gelben Hemd und den braunen Schuhen; der Cocker Bill anhand des Halsbandes, des weißen Fellringes um den Hals, der langen Ohren und der runden, blauschwarzen Schnüffelnase. Beide Figuren sind im Cartoon-Stil gezeichnet, der vereinfachend, karikierend gehalten ist und Übertreibungen (vom Betrachter akzeptiert) ermöglicht. Im vorletzten Bild erscheint eine Frau – unzweifelhaft Boules Mutter (andere Geschichten des Albums bestätigen es) –, im letzten ein Mann und Boules Freund Pit mit der gelben Mütze. (Die Namen erfährt man in anderen Geschichten.) Die Figuren agieren an unterschiedlichen Orten, im Schlafzimmer, im Bad, im Treppenhaus, in der Küche, auf der Straße, die jeweils durch bestimmende Bildelemente gekennzeichnet sind. Eine Fülle von Requisiten, Mobiliar, Wecker, Spielzeug, Wasserglas, Zahnbürste und Handtuch, Marmeladenglas, Obstschale, Schulmappe und anderes kommen dazu. Die einzelnen Elemente sind koloriert, wobei die Farbe gegenstandsbezogen, aber nicht moduliert ist. Sie hat primär unterscheidende Funktion und hilft, gleiche Elemente von Bild zu Bild wiederzuerkennen. Die Schrift hat nur einen geringen Stellenwert. Sie erscheint als Überschrift, in der Lautmalerei des ersten Bildes (die in Typografie und Plazierung auch Lautstärke und Geräuschquelle angibt), als Füllung der beiden Sprechblasen der Geschichte: Gähnlaut im zweiten Bild, Rede im letzten. Weiterhin sind grafische Zeichen und Symbole zu nennen. Der Lärm, den der Wecker in Bild 1 macht, wird nicht nur durch die Lautmalerei, sondern auch durch zusätzliche Zitterstriche, die vom Wecker ausgehen, veranschaulicht. Bills Betroffenheit wird durch Striche, die von seinem Kopf ausstrahlen, betont; sein Jammern zusätzlich durch vereinzelte Tropfen, die als Tränen seine Trauer signalisieren. Und im letzten Bild verstärken Bewegungsstriche sowie kleine Wolken hinter Bill, daß er sich von Boule mitschleifen läßt.

Erzählweise

Im Einzelbild sind alle sichtbaren Elemente der Erzählfunktion zuzuordnen. Das Narrative ergibt sich aus der Zuordnung der Elemente zueinander, die durch grafischen Bezug, durch Blickkontakt, durch nachvollziehbare körperliche Richtungsweisung gegeben ist. Die Träger des Geschehens sind die Akteure, deren beredte Körpersprache, Gestik und Mimik, situationsbezogen zu deuten ist. Roba erzählt aus der Sicht des Beobachters; aus ziemlich gleicher Distanz schaut der Betrachter ins Bild, meist auf gleicher Höhe wie Boule, ein klein wenig aus dem Blickwinkel eines Erwachsenen. Der Geschichtsprozeß wird in acht Bildern erzählt, die auf der DIN-A4-Seite in unserer üblichen Leserichtung, von links nach rechts, von oben nach unten, angeordnet sind. Entsprechend bewegt sich auch Boule; Blick und Richtung zeigen nach rechts. Nur in Bild 6 geht er nach links, was durch die Treppe – er *kommt* herunter! – begründet ist. Auch am Frühstückstisch, Bild 7, schaut er nach links, was – im Gegensatz zu den anderen Bildern – auf eine längere Phase der Ruhe, des Verweilens zielt. Sukzessive, von Bild zu Bild, schreitet die Handlung fort, ein chronologisch additiver Verlauf. Die Einzelbilder folgen relativ eng, zeitlich nah, aufeinander. Der Handlungsprozeß ist vom Betrachter nachvollziehbar – einmal aus vergleichbarer eigener Erfahrung, zum anderen aus einer rekonstruierbaren inneren Logik heraus: ablesbar zum Beispiel am Stand der Uhrzeiger (Bild 1 und 2), am Ent- und Bekleiden Boules. Übersetzen wir die Geschichten in Worte, würden wir schnell erkennen, wie vielschichtig die Bildgeschichte ist, wie kompakt und differenziert sie schildert. Das bezieht sich auf die genaue Ortsbeschreibung, aber auch auf die Zeitangabe, die nicht nur durch die Uhr, sondern auch durch die Lichtgebung angezeigt ist. Eher symbolhaft deutet der quantitativ zurücktretende Schatten in den ersten Bildern auf das Ende der Nacht (der Dunkelheit); konkret (da im Haus ja künstliche Beleuchtung verunklaren könnte) gibt uns der Blick erst durch das Küchenfenster in Bild 7 Auskunft: draußen ist es hell, was im letzten Bild bestätigt wird. Die Passanten im letzten Bild sind unschwer an ihren Taschen als Menschen auf dem Weg zur Arbeit zu bestimmen.

Inhaltlich lebt die Geschichte vom Kontrast der Verhaltensmodi Boules und Bills. Der Betrachter ist vergleichsweise in der gleichen Rolle wie die Bilder im Bild, die – als grafischer Spaß – kommentierend das Geschehen mitverfolgen: Die Vögel in den Bildern 1, 2, 3, 5 und 6 schauen deutlich konsterniert und verständnislos auf das Geschehen. Und die Fische in Bild 7 entsprechen in ihrer Sprachlosigkeit den Akteuren wie dem Betrachter. Doch während Mutter und Sohn offensichtlich die Situation einzuschätzen wissen, ist die Spannung des Betrachters von Bild zu Bild aufgrund seines Unverständnisses gestiegen. Im letzten Bild erfolgt die Auflösung, das Aha-Erlebnis. Nach dem dramaturgischen Vorbild des Theaters gesellt sich zu Boule quasi als Stellvertreter des Zuschauers sein Freund Pit, der jetzt über die merkwürdige Situation, das komische Verhalten Bills aufgeklärt wird. Hier ist, zum Verständnis der Geschichte und ihrer Pointe, die wörtliche Rede, die Sprechblase nötig. Boules Erklärung läßt uns verstehen, den Blick noch einmal bestätigend über die Folge gleiten und schmunzeln. Aha – verständlich, daß Boule nicht sonderlich reagiert; ihm ist dieses Theater aus jahrelanger Erfahrung vertraut, und er weiß, wie er es einzuschätzen hat.

Jede Bildgeschichte kann ihre ganz eigenen Erzähl- und Darstellungsmöglichkeiten aufweisen. Der Betrachter – oder besser: der Leser (auch die Bilder sind hier zu lesen!) – muß nur sensibilisiert sein, die einzelnen Bild- und Textelemente als erzählerische Einheit zu verstehen und kontext-, situationsbezogen zu deuten. Trotz vieler individueller Unterschiede lassen sich für alle Bildgeschichten, also für das *Prinzip Bildgeschichte*, konstituierende Darstellungs- und Erzählmodi nennen. Sie sollen im folgenden näher vorgestellt werden.

II Die ›Sprache‹ der Bildgeschichte

›Papierschauspieler‹ – Die Akteure der Bildgeschichte

Die literarische Bildgeschichte (vom rein informierenden, erklärenden ›Sachcomic‹ soll hier abgesehen werden) basiert, gleich um welche Art von Bildgeschichte es sich handelt, auf der Darstellung eines äußeren wie inneren Prozesses. Dieser Prozeß wird dem Betrachter/Leser (dem Rezipienten) gezeigt, nicht beschrieben. So ist die Bildgeschichte dem Theater wie dem Licht-Theater, dem Film, ähnlich. In ihrem Zentrum stehen die Akteure, die sich auf einer visuell präsentierten ›Bühne‹ bewegen und das Geschehen tragen. Akteur in der Bildgeschichte sind Menschen, Tiere, vermenschlichte (anthropomorphe) Tierfiguren, Phantasiefiguren. So operiert eine der interessantesten, märchenhaften Kindercomic-Serien, *Mumin* von Tove Jansson, mit frei erfundenen kleinen Trollfiguren. Aber auch Gegenstände können zum Akteur werden. In Wilhelm Buschs *Krischan mit der Pipe* erwachen Ofen, Schirm, Stock, Morgenmantel und Tisch zum Leben. Warja Honegger-Lavater verzichtet in ihren Leporello-Bildgeschichten weitgehend auf ikonische (gegenstandsähnliche) Zeichen. Sie erzählt ihre Geschichten (z. B. *Wilhelm Tell* oder *Das häßliche junge Entlein*) mit konkreten Zeichen (Kreise, Dreiecke, Rechtecke, Wellenlinien, Pfeile u.a.), denen vorab in einer Legende eine bestimmte Bedeutung zugewiesen wurde. Es gibt auch Geschichten, in denen der eigentliche Akteur nicht direkt, sondern nur anhand seiner Tätigkeiten, anhand von Spuren sichtbar wird. Ein Beispiel ist die Bildmappe *Alle Jahre wieder saust der Preßlufthammer nieder* von Jörg Müller (Aarau: Sauerländer), in der Bild für Bild die Veränderung und Zerstörung einer Landschaft gezeigt wird – Resultat menschlichen Tuns.

Der Akteur spielt eine Rolle

In den meisten Fällen haben wir es mit menschlichen beziehungsweise vermenschlichten Figuren zu tun. Bei aller möglichen Wirklichkeitsnähe sollte nie vergessen werden, daß die Bildgeschichte künstlich ist, ein fiktives, konstruiertes Spiel. Die Figuren, die uns begegnen, sind Schauspielern vergleichbar; sie haben in der erzählten Geschichte eine bestimmte Rolle übernommen, die sie visuell, in Sprache und Aktion ausfüllen müssen. Und die ihnen der Rezipient abnehmen muß. So gesehen müssen Vorwürfe, die Comic-Figuren seien zumeist nur stereotype Klischees, relativiert werden. Sie *müssen* oft bekannte, festgelegte Typen, insbesondere im äußerlich visuellen Erscheinungsbild, darstellen – dann, wenn die übernommene Rolle das verlangt. Hier folgen sie dem antiken Schauspiel Griechenlands und Roms, das den Schauspielern vorschrieb, dem Publikum bekannte Masken zu tragen, damit sie als Typus erkannt und eingeordnet werden konnten. Die Figuren der italienischen Volkskomödie, der Commedia dell'arte, sind mit festgeschriebenen, nur leicht zu variierenden Kostümen ausstaffiert, was dem Zuschauer hilft, die gemeinte Person und ihre Rolle sofort zu identifizieren. Auch die Figuren des Kasperletheater sind visuell gekennzeichnet, so daß der kleine (informierte) Zuschauer mit einem Blick Kaspar, Seppel, Großmutter, König, Teufel, Räuber oder Polizist erkennen kann. In der bildenden Kunst hat die Kennzeichnung bestimmter Personen durch festgelegte Attribute (Kleidung, Gegenstände) Tradition. Wir kennen das Verfahren aus der Karikatur (dickes Männchen mit Homburger: Kapitalist/Arbeitgeber; Männchen mit Ballonmütze: Sozialdemokrat; drei Haare auf dem Kopf: die berühmte Kennzeichnung Bismarcks aus dem »Kladderadatsch«), aus der religiösen Kunst (Kennzeichnung z.B. der Heiligen durch Attribute, Posen, Farben) bis hin etwa zu Otto Dix (attributive Bestimmung der Figuren in *Die sieben Todsünden*). Auch äußerliche Häßlichkeit kann der Rollenbestimmung dienen, wie in Passionsdarstellungen, in denen die häßliche Physiognomie der Häscher der reinen, ebenmäßigen Christi kontrastiv gegenübergestellt wird (z.B. bei Hieronymus Bosch), oder bei George Grosz, dessen häßliche Bürgerfratzen symbolisch das häßliche Innere, das häßliche Verhalten dieser Typen anschaulich machen.

Das zunehmende Interesse der Bürgertums am Theater Ausgang des 18. und im 19. Jahrhundert führte dazu, daß Schauspieler und Schauspielerinnen in den Kostümen berühmter Aufführungen der großen Theaterbühnen Europas auf sogenannten Kostümbögen festgehalten wurden, die (z.B. an der Theaterkasse) erstanden werden konnten. 1811 bietet William West in London komplette Figuren- und Dekorationsbögen an, 1825 Trentsensky in Wien, 1830 Winckelmann in Berlin, 1840 Scholz in Mainz. Das ›Papiertheater‹

war geboren. Die Figuren wurden ausgeschnitten, mit Karton verstärkt und konnten nun auf einer kleinen Tischbühne (die meist recht genau dem ›großen‹ Theater-Vorbild folgte) in entsprechender Dekoration an Stäben geführt werden und ihr Theaterstück zur Aufführung bringen. Bis in die dreißiger Jahre unseres Jahrhunderts war das Papiertheater – im Verlauf des 19. Jahrhunderts mehr und mehr zum ›Kindertheater‹ geworden – verbreitetes und beliebtes Spielzeug. Gerade die Unbeweglichkeit der Figuren (sie konnten in der Regel nur als Ganzes auf der Bühne hin- und herbewegt werden) verlangte

Abb. 2

eine typische visuelle Kennzeichnung in Pose und Kostüm. Manche kleinen Papiertheater (Trentsenskys *Mignon-Theater*, *Kleines Theater* von Oehmigke & Riemschneider) waren nicht für eine Aufführung gedacht, sondern zur festgeklebten, fixierten Aufstellung einer markanten Szene (vgl. Grünewald: *Vom Umgang mit Papiertheater*. Berlin 1993). Die Bildgeschichte ist dem Papiertheater nahe. Beide nutzten im vorigen Jahrhundert das gleiche Medium, den Bilderbogen. Verstehen wir also unsere Akteure als ›Schauspieler‹, die zwar nicht ausgeschnitten und bewegt werden sollen, aber doch auf gleiche Weise von Bild zu Bild ihre Rolle im Stück (in der Geschichte) spielen.

Ein Beispiel soll die visuelle ›Rollenkennzeichnung‹ veranschaulichen. Abbildung 2 zeigt eine Tierfigur, einen Fuchs (wie das von den meisten Betrachtern gespeicherte und zum Vergleich automatisch herangezogene Bild ›Fuchs‹ erkennen läßt). Er steht aufrecht wie ein Mensch, ist bekleidet, benutzt Pfeil und Bogen (Werkzeug) – eine anthropomorphe Figur. Unser Fuchs trägt ein gelbes Hütchen mit roter Feder, ein grünes, von einem gelben Gürtel in der Hüfte umbundenes Wams, grüne Schuhe. Die gesenkte Linke hält einen großen Bogen, die Rechte hält den auf die leicht gespannte Sehne gebrachten Pfeil am Federende. Offensichtlich stammt der Pfeil aus dem Köcher, der über der rechten Schulter des Fuchses herausschaut und mit einem breiten hellbraunen Riemen, diagonal über

Abb. 3

die Brust verlaufend, gehalten wird. Die Attribute haben bestimmende Bedeutung: Sie verweisen auf einen Jäger aus früherer Zeit, wie er aus vielen Beschreibungen und Bildern bekannt ist. Die Figur stammt aus dem Disney-Comic *Robin Hood*, der nach dem 1973 geschaffenen Zeichentrickfilm entstanden ist. (Die Beziehung zwischen Zeichentrickfilm und Comic ist sehr eng. Viele Comic-Serien wurden zu Trickfilmen [in jüngerer Zeit z.B. *Asterix*], viele Trickfilme wurden als Comic-Geschichte und -Serie vermarktet, z.B. *Micky Maus*.) Bereits 1952 hatten sich die Disney-Studios des englischen Volksstoffs angenommen und einen Realfilm gedreht. Im Zeichentrickfilm wurden alle Figuren als vermenschlichte Tiere dargestellt, neben dem Fuchs Robin erscheint sein Freund Little John als tapsiger Bär, ihr Gegenspieler, der Sheriff, als Wolf, Prinz John als Löwe. Die Ausstattung des Fuchses ist die der traditionellen Robin-Hood-Figur, so in den überlieferten Texten beschrieben, in zahlreichen Illustrationen, im Realfilm, in anderen Comic-Fassungen (vgl. Abb. 3) zur Kennzeichnung benutzt. Warum nun ein Fuchs als Robin Hood? Die Rollenverteilung folgt der Fabeltradition, die uns bestimmte Tiere mit relativ festgeschriebenen Eigenschaften vertraut gemacht hat. Der Fuchs gilt als listig, verschlagen; er ist ein raffinierter Dieb und weiß sich durchzusetzen. Die Zeichner der Disney-Studios haben das Figurenarsenal für den Zeichentrickfilm nicht völlig neu entworfen. Sie griffen teilweise auf Figuren zurück, die schon 1938 entwickelt wurden: für einen geplanten (aber dann doch nicht realisierten) Film »Reynard the Fox«. Abbildung 4 zeigt eine berühmte Illustration von Wilhelm von Kaulbach, die er zum Goetheschen Reineke Fuchs (Stuttgart: Cotta 1846) geschaffen hat. Vergleicht man beide Füchse, so fallen deutliche Unterschiede auf, nicht nur, daß Kaulbach noch weitgehend der Anatomie des Tieres folgt und detailgenauer ist, auch Pose und Physiognomie seines Fuchses differieren von der unserer Comic-Figur. Reineke mutet aufgrund der längeren Schnauze, der

Abb. 4

schrägstehenden Augen und der sichtbaren Fangzähne heimtücki-
scher an. Er gewinnt zwar unsere Sympathie, doch er bleibt der raf-
finierte, verschlagene Gauner, das egoistische Raubtier. Unser Robin-Fuchs dagegen hat dieses ›Füchsische‹ verloren. Statt des
rostroten, Gefahr signalisierenden Rots ist sein Fell hellbraun, die
Augen sind kugelrund, lassen – gemäß dem ›Kindchenschema‹ –
den Blick offen, freundlich und vertrauenerweckend wirken. Die
Schnauze ist verkürzt, eher eine menschliche Nase, das Raubtier-
gebiß ist verschwunden. Und auch in der Pose wirkt er nicht
heimtückisch, nicht heuchlerisch. Offen, breitbeinig, aufrecht steht er
da, ganz der typischen Heldenpose aus Ritter- und Westernszenen
verbunden. Ihm nehmen wir die Rolle des Robin Hood durchaus ab,
der ja als listiger ›edler Räuber‹ gegen herrschaftliches Unrecht
kämpft und die Armen unterstützt. Er ist Identifikationsfigur, positiv besetzt schon vom visuellen Erscheinungsbild her – ein erster
Eindruck, der durch sein Verhalten in der Geschichte bestätigt wird.

Abbildung 5 zeigt mit Fix und Foxi, den beiden Kindercomic-Figuren aus der gleichnamigen Kauka-Produktion, die älteste noch bestehende deutsche Comic-Serie. (Sehen wir vom Schuh-Werbeheft *Lurchi, der Salamander,* ab, das bereits seit den dreißiger Jahren erscheint. »Atze« gibt es seit Januar, »Mosaik« seit Dezember 1955.) Kauka wollte mit seiner Anfang der fünfziger Jahre aufgenommenen Comic-Produktion an deutsche Erzähltraditionen anknüpfen. »Till Eulenspiegel« hieß sein Magazin, in dem neben neuen Abenteuern der Volksbuchfigur unter anderen auch Münchhausen agierte. Die Fuchszwillinge Fix und Foxi sind direkt durch Ludwig Richters Fabel *Reineke Fuchs* inspiriert. Zunächst (vgl. Abb. 6) sahen sie auch noch deutlicher wie Füchse aus. 1953 bekamen sie ihr eigenes Heft – und mauserten sich zu zwei beliebten Helden. Mehr und mehr stilisiert, verloren sie ihr ›füchsisches‹ Aussehen, wurden runder, markanter, aber auch simpler. (Was natürlich den Zeichnern entgegenkommt.) Mit dem Fabelfuchs haben sie (inhaltlich) kaum mehr etwas gemein; die Tiereinkleidung ist nur noch Maske, Kennzeichnung per se. Für Kinder sind sie sympathisch erscheinende, lustige Kumpane. Nicht die Assoziation Fuchs, sondern der Bezug

Abb. 5

zum Kind ist dominant. Die Stilisierung ist mit einem cartoonhaften Zeichenstil verknüpft, der Humor, Lachen signalisiert. Auch unser Robin-Fuchs ist im Cartoon-Stil gezeichnet, und zu Recht erwartet der Rezipient nicht nur Spannung, sondern auch Komik.

Die Bedeutung des Zeichenstils für die Erzählung, für die Charakterisierung der Figur und damit der Geschichte, ist schon im Ver-

Abb. 6

gleich zwischen Abbildung 2 und Abbildung 3 erfaßbar. Das Illu-
strierte-Klassiker-Heft ist mehr der Spannung und dem Pathos des
›edlen Räubers‹ verpflichtet.

Noch anschaulicher kann das an einem anderen Beispiel gezeigt
werden. Abbildung 7a zeigt *Superman*, den Heroen mit den überir-
dischen Kräften. Nicht zufällig drängt sich in seiner Gestaltung die
Assoziation zu Zeichnungen des Manierismus und der Klassik auf,
erinnert an die pathetischen NS-Plastiken eines Breker und Thorak.
Superman soll bewundert werden; er ist jenseits des Alltäglichen,
und seine Kämpfe gelten der Errettung der Erde, ja, der Galaxis. So
ist sein Körper ideal gebaut, zeigt das hauteng Trikot die Kraft seiner Muskeln, das strenge, gleichmäßige Gesicht den Edelmut seiner
Gesinnung. Anfänglich (Abb. 7b zeigt Superman vom Titelblatt des
ersten Heftes 1939) weist seine Zeichnung zwar auch schon in die

Abb. 7 a

Abb. 7 b

Richtung der Heroisierung, doch wirkt sie noch nicht so perfekt wie die Fassung unserer Zeit. (Und es waren auch zunächst alltägliche Verbrechen, die Superman zu bekämpfen hatte.) Anschaulicher als Worte kann Abbildung 8 die erzählerische Bedeutung und Wirkung des Zeichenstils demonstrieren. Jans *Super-Meier* äfft die heroische Pose nach. Sein Trikot verweist den Kenner auf Superman, doch die Gestalt, die disproportionierten Maße, die riesige Knubbelnase, die Falten an Arm- und Beinkleidern lassen die Figur nicht hehr und pathetisch, sondern lächerlich wirken. Auch der Blick des Betrachters auf die Figur kann diese Wirkung unterstützen. In den beiden vorhergehenden Abbildungen schauen wir von unten her auf Superman, wir ›schauen zu ihm auf‹, was hier zwar durch sein Fliegen logisch erklärt wird, doch die bekannte Wirkung der Froschperspektive, das Sich-Kleiner- und Unterlegen-Fühlen des Betrachters spürbar einbringt. (Zum Vergleich sei an die Wirkung wuchtiger Denkmäler, zu denen der Betrachter klein und ehrerbietig aufzuschauen hat, erinnert.) Super-Meier dagegen ist auf den Boden geholt, uns ebenbürtig, ja, wir schauen sogar leicht von oben auf ihn herab, was unsere Überlegenheit demonstriert. Jans Figur parodiert karikierend sein Vorbild, und der Betrachter erwartet von ihm eher Gags und Pannen denn edle Heldentaten.

Die visuelle Darstellung ist Maske, in der Regel Kennzeichnung des Akteurs gemäß seiner Rolle, Hilfe für den Betrachter zur Einordnung, Signal für entsprechende Erwartungen. Natürlich kann der Zeichner mit diesem Verfahren auch spielen. Abbildung 9a zeigt eine Szene aus Peyos *Benni Bärenstark*. Eine alte Dame bietet Benni Bonbons an. In diesem Verhalten wie im Aussehen entspricht sie ganz dem vertrauten Klischee der netten, freundlichen Oma, dem Gegenstück zu einem anderen Alte-Frau-Klischee, der Hexe. In Abbildung 9b dagegen entpuppt sich dieselbe Dame als Straßenräuberin,

Abb. 8

was ihr aufgrund der visuellen Kennzeichnung sicher niemand zutraute. (In der Geschichte löst sich der Widerspruch simpel: die

Abb. 9a

Abb. 9b

38

Dame in Abb. 9b ist ein defekter Roboter, der entgegen den Absichten seines Konstrukteurs verbrecherische Intentionen zeigt und von Benni ausgeschaltet wird.) Auch umgekehrt wird das Verfahren eingesetzt: Die bösartig wirkenden, häßlich aussehenden Monster entpuppen sich als Friedensbringer usf. Das eintrainierte Rezeptionsverhalten wird so verunsichert; der Betrachter wird daran erinnert, daß er es mit fiktiven, künstlichen ›Papierschauspielern‹ zu tun hat. Der sicher nicht zu Unrecht angemahnten Gefahr, daß Vorurteile durch visuelle Klischees der Bildgeschichten verstärkt und bestätigt werden könnten (Langhaarige sind Revoluzzer, Häßliche sind Gangster, ordentlich Gekleidete sind anständige Bürger; das Gemeinte veranschaulicht die Radierung *Die Hexe* [1936] von Lea Grundig, auf der Kinder gezeigt werden, die eine alte Frau verspottend verfolgen), kann nur begegnet werden, wenn die Typisierung nicht ohne Not benutzt wird und – vor allem – wenn der Betrachter zwischen Wirklichkeit und Spiel zu unterscheiden weiß und keine einfachen Übertragungen vornimmt.

Bewegung

Das folgende Einzelbild (Abb. 10) aus der von Carl Barks geschaffenen Donald-Duck-Geschichte *Die Jagd nach der Brosche* wirkt auf den Betrachter außerordentlich bewegt. Tatsächlich bewegt sich hier natürlich nichts, aber Barks hat einen Augenblick für seine Darstellung gewählt, auf die Goethes hinsichtlich der bekannten *Laokoon*-Gruppe getroffene Empfehlung zutrifft:

»[...] man öffne sie [die Augen] und schließe sie sogleich wieder, so wird man den ganzen Marmor [hier die Zeichnung] in Bewegung sehen, man wird fürchten, indem man die Augen wieder öffnet, die ganze Gruppe verändert zu finden. Ich möchte sagen, wie sie jetzt dasteht, ist sie ein fixierter Blitz, eine Welle, versteinert im Augenblick, da sie gegen das Ufer anströmt.« (Propyläen, 1798)

Unsere Lebenserfahrung sagt uns, daß die Situation, wie sie Barks zeigt, instabil, höchst flüchtig ist. Aus der Pose der Akteure, verstärkenden Bewegungslinien, Lautmalerei und der Anordnung im Panel-Rahmen ist der gemeinte Bewegungsprozeß ablesbar. Das Einzelbild zeigt uns nicht, ob Donald Duck unterwegs war oder stand, aber wir können rekonstruieren, daß die Katze ihm offenbar ganz unvorbereitet von hinten mit gewaltigem Satz auf den Kopf gesprungen ist und die eben noch in seiner Hand befindliche Brosche aufschnappt. Folgen wir Goethes Rat, so müßte nach einem Augenaufschlag die Katze – kräftig mit den Beinen abgestoßen –

Abb. 10

weitergesprungen sein, Donald, der deutlich in eine instabile
Schräglage geraten ist, müßte stolpern. Die Bewegungsstriche,
die nicht nur Schnelligkeit, sondern auch den Weg der Bewegung
anzeigen, werden durch die Lautmalerei »Hops!« (Sprung bzw.
Aufsetzen der Katze auf Donalds Kopf) und »Schnapp!« (Auf-
schnappen der Brosche) verstärkt. – Grafisch störend wirkt, daß die
Schrift eingedruckt ist; im amerikanischen Original ist die hand-
geletterte Schrift stärker integriert. – Der lang vorgestreckte Hals
Donalds, die verkniffene Miene, die heruntergerutschte Mütze
sowie die ausgestreckten Arme kennzeichnen plastisch, daß er
völlig überrascht wird; der Schlag trifft ihn voll, weder Gegenwehr, Ausweichen noch Abfangen sind ihm möglich. Donalds
Körper (die Beine sind vom Panelrand abgeschnitten, wodurch die
Entenfigur nach links über den Rahmen hinaus verlängert gedacht
wird) zeichnet von links unten eine Diagonale bis zur Mitte des
Bildes, verstärkt so die Bewegungsrichtung des Katzensprungs,
dessen Drang nach rechts weiterhin durch die Leere der rechten unteren Bildhälfte betont wird. Der gestreckte, durch den
Schwanz verlängerte Körper, die sich wie im Fahrtwind spreizen-
den Fellhaare, die nach hinten gestreckten Vorderpfoten, der ge-
reckte Hals, der in Bewegungsrichtung verlaufende Blick geben
der Katze etwas Pfeilartiges, das uns suggestiv ihre schnelle Bewegung mitvollziehen läßt. Dazu kommt noch die Nähe des Betrachters zur dargestellten Situation, die nicht eine distanzierte Über-
schau, sondern ein unmittelbares Eingebundensein ins Geschehen
provoziert.
    Unser zweites Beispiel (Abb. 11) zeigt einen rasend schnell ren-

Abb. 11

nenden Donald. Der Grund für seine Schnelligkeit wird nachvollziehbar im Bild geliefert: Ein Wespenschwarm ist hinter Donald her.
Seine Formation zeichnet Flugbewegung und Richtung nach, im
leichten wellenden Auf und Ab von links nach rechts, eine Bewegungsrichtung, die unsere Augen aufgrund der gewohnten gleichen Leserichtung automatisch mitverfolgen. Der Schwarm bildet
vorne eine Pfeilspitze, die sowohl die Bewegung verstärkt als auch
– inhaltlich – das beabsichtigte Stechen markiert. Fast haben die
Wespen Donald erreicht. Zwischen Pfeilspitze und Bürzel ist nur
noch ein winziger Zwischenraum, der ganz genau den Mittelpunkt
des Bildes besetzt. (Die erklärende Sprechblase belegt die beschrie-
bene Situation; doch ist die so deutlich dargestellt, daß Donalds
Worte eigentlich überflüssig sind. In einer solchen Situation wird
man, was ja auch der aufgerissene Schnabel signalisiert, eher laut
schreien als Erklärungen abgeben.) Der Cartoon-Stil Barks' erlaubt
die Übertreibung, denn wir erwarten ja keine ›realistische‹ Darstellung, sondern eine zeichenhafte. Barks nutzt die Möglichkeit dop-
pelt: Donald befindet sich sichtbar über dem Erdboden, er ›fliegt‹
geradezu, so ist er bestrebt, den Wespen zu entkommen. Die Distanz
zwischen seinen Füßen und dem Erdboden wird zudem durch den
Schatten verstärkt. Dieser horizontal langgestreckte Schatten und
das lange, rechts vom Bildrand angeschnittene Kanu, das Donald
mit ausgestreckten Armen über sich hält, bilden mit der rechtslasti-
gen Schräglage von Donalds Körper ein weiteres Element der Bewegung nach rechts, zumal der Bootskörper eine leichte Bewegung
nach rechts unten beschreibt. Die Schnelligkeit wird am augenfäl-
ligsten durch Donalds Beine. Sie sind ›unscharf‹ wiedergegeben, ja,

die vielen Bewegungsstriche zeichnen partiell ihre Kontur nach, bilden so ein simultanes Phasenbild, das suggeriert: Donald läuft so schnell, daß unser Blick der Bewegung seiner Beine kaum mehr differenzierend folgen kann.

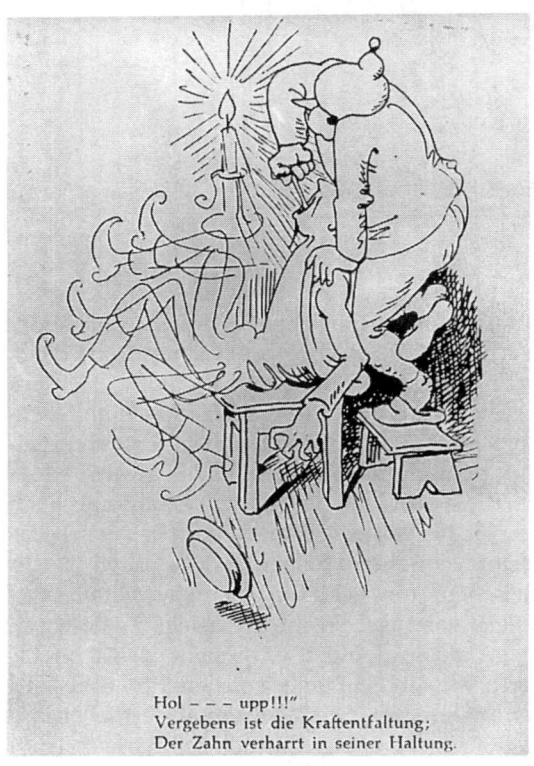

Hol – – – upp!!!"
Vergebens ist die Kraftentfaltung;
Der Zahn verharrt in seiner Haltung.

Abb. 12

Balduin Bählamm von Wilhelm Busch (Abb. 12) zeigt, daß dieses Verfahren Tradition hat. Bei Busch ist der Kontrast zwischen dem vom Bader hart nach unten gepreßten, starren Körper Bählamms, seinen verkrampften Fingern und den strampelnden, sich überschneidenden Beinen bewegungssteigerndes Mittel. Wir vermeinen, die gegenwirkende Stoß- und Ziehkraft der Linken beziehungsweise der Rechten des Baders regelrecht nachvollziehen zu können, wie uns zugleich ein leichter Schauder im Nachempfinden der Bählammschen Situation erfaßt. Die körperliche Masse sowie die dunkle Schraffierung rechts betonen das lichte, freie Strampeln der Beine zusätzlich. Wir sehen keine Bewegung, aber wir empfinden sie zwangsweise.

»Durch das Beharren auf der Netzhaut vervielfältigen sich die in Bewegung befindlichen Dinge, ändern ihre Form und folgen aufeinander wie Schwingungen im Raum. So hat ein galoppierendes Pferd nicht vier, sondern zwanzig Beine«,

heißt es im *Technischen Manifest* (1910) des Futuristen Umberto Boccioni. Schon 1642 hatte der holländische Künstler Philip Angel festgestellt, daß man die Speichen eines sich drehenden Rades nicht einzeln malen dürfe; 18 Jahre später finden wir bei Velásquez in der *Spinnerin* ein Spinnrad dargestellt, dessen Speichen durch die Drehung unsichtbar geworden sind. Bereits Anfang des 19. Jahrhunderts entstehen mit dem Wunderrad und anderen ähnlichen Geräten erste ›Zeichentrickfilme‹. Durch rasche Drehung wird eine im Wunderrad als geschlossener Pappsteifenring eingelegte kontinuierliche Folge von einzelnen Bewegungsphasen im Auge, das durch einen Schlitz konzentriert auf einen Punkt schaut, zusammengezogen: die Illusion von Bewegung entsteht. Viele Bildgeschichtenzeichner, unter anderen Lothar Meggendorfer, nutzen in ihren Bildfolgen Phasendarstellungen, um Schnelligkeit und Bewegungsabläufe deutlich zu machen. Der »Chronofotografie« in den achtziger Jahren des letzten Jahrhunderts (in den USA Muybridge, in Frankreich Marey, in Deutschland Anschütz) gelingt es, schnelle Bewegung, laufende Menschen und Tiere, fliegende Vögel, in einzelnen Fotografien aufzuzeichnen. So ist der Bewegungsablauf genau zu studieren. Die eindrucksstärkste Bewegungsillusion im einzelnen Standbild geht von einer instabilen Phase aus, die keinen Extrempunkt markiert, sondern knapp davor oder dahinter liegt.

Barks' Darstellung (ich erinnere noch einmal an die leere Stelle im Bildmittelpunkt) folgt dieser Erkenntnis. Der Film, der dann die Einzelbilder der Chronofotografie in ein Ganzes verschmilzt, läuft bei unserem Comic-Beispiel gewissermaßen im Kopf des Betrachters ab. Der prägnante Moment und alle ihn unterstützenden Zusatzelemente sind Auslöser. Die ›Papierschauspieler‹ wirken nicht starr, sondern höchst lebendig. (In der Bildfolge kann dann die Bewegung in Ablauf, Ortswechsel usw. weiterhin verdeutlicht werden. Zudem greift die Bildgeschichte Möglichkeiten des Films, z.B. die Zeitlupe, auf und kann in der Folge in Einzelphasen eine extrem schnelle, dem Auge eigentlich verborgene Bewegung gewissermaßen verlangsamt zeigen.)

Beredte Körpersprache

In einem Artikel über Donald Duck und seinen Zeichner Carl Barks heißt es:

»Die Ente ist Mensch geworden. Die Figur wandelt sich zum Charakter, und um ihn herum erschafft Barks einen Kranz von Charakteren, die eine menschliche Komödie aufführen.« (Frankfurter Allgemeine Zeitung, 27.3.1991)

Es genügt nicht, den Bildgeschichten-Akteur visuell rollengerecht zu markieren und ihn beweglich erscheinen zu lassen. Er muß handeln können, muß in der äußerlich suggerierten Bewegung auch die innere Bewegtheit spiegeln, muß erkennbar denken und fühlen, muß mit sich, mit seinen Mitakteuren, mit dem Betrachter kommunizieren können. Der Rezipient muß ihn – nicht mühsam, sondern leicht, automatisch – ›verlebendigen‹ können, als lebendes, agierendes Wesen erfahren und akzeptieren. Höchste Kunst ist, in einer Figur nicht nur ein Klischee, eine stereotype Rolle sichtbar werden zu lassen, sondern ihr Charakter zu geben, sie als eigenständige Persönlichkeit wirken zu lassen. Die verfremdende Einkleidung als Ente ist künstlerisches Mittel, das um so schärfer, den durch Gewohnheit verschleierten Alltagsblick durchbrechend, den eigentlich gemeinten Menschen und sein Wesen erkennbar werden läßt.

Die Qualität der Erzählung liefert dafür den Spielraum, gibt einer Figur die entsprechenden Möglichkeiten zu handeln, zu agieren und zu reagieren. Für die Bildgeschichte ist nun bedeutend, wie dies nachvollziehbar ins Bild gesetzt wird, wie die visuelle Präsentation der Figur ihre Persönlichkeit, den ›inneren‹ wie ›äußeren‹ Akteur spiegelt. Entscheidendes künstlerisches Mittel ist die Körpersprache der Akteure: Pose, Gestik und Mimik. Bewußt und unbewußt spielt sie in unserem alltäglichen Leben eine wichtige Rolle, ist gewollte, aber oft auch verräterische Kommunikation. Teilweise ist sie angeboren (Lächeln als Signal freundlicher Hinwendung), zum größten Teil ist sie erlernt (was zu kulturellen Unterschieden führt). Die mittelalterliche Kunst kennt einen festen Kanon von Gesten, die – immer wieder nach Regelbüchern angewandt – auch vom Betrachter gekannt und verstanden wurden. Bestimmte Posen (z.B. Herrscherposen) haben sich als feste Formeln durchgesetzt. (Ein Beispiel ist der thronende Christus als Weltherrscher, der »Pantokrator«, oder die Repräsentanzpose, in der Hyacinthe Rigaud 1701 Ludwig XIV. darstellte.)

In der Bildgeschichte ist die Körpersprache verstehbar, wenn sie ebenso tradierte, bekannte Signale verwendet, wenn sie im Kontext

Abb. 13a

Abb. 13b

Wie tief man doch sinken kann!

Abb. 13c

(z.B. in der Reaktion anderer, im Fortschreiten der Geschichte in der Folge) interpretierbar ist, wenn sie durch Text (z.B. in Denk- und Sprechblase oder dem Begleittext eines auktorialen Erzählers) unterstützt beziehungsweise kommentiert wird. Zum Teil hat die Bildgeschichte (insbesondere im Comic) ihre eigenen Formeln entwickelt, dem Betrachter bald vertraut, weil stets bedeutungsgleich verwendet. Dazu gehört unter anderem, Sprachbilder ins Visuelle rückzuübersetzen, zum Beispiel ›vor Wut in die Luft gehen‹, ›mit dem Kopf durch die Wand wollen‹, ›den Hals verrenken‹. Wie schon die Karikatur (es sei an die posenbestimmten Anwälte Daumiers erinnert) kann vornehmlich die cartoonhafte Bildgeschichte aufgrund von Verzerrung, Übertreibung, Stilisierung gesteigerte Wirkung erzielen, wobei die zeichnerische Reduzierung auf das gemeint Wesentliche die Aussage zusätzlich verstärkt.

Mit nur geringen Variationen des Entenschemas gelingt es so Carl Barks, Donald Duck äußerst lebendig erscheinen zu lassen. In Abbildung 13a erkennen wir sofort, daß er hier gespannt dem Klopfgeräusch nachspürt, ob etwas ungewöhnlich (hohl?) klingt. Die Elemente verstärken sich gegenseitig: die wie hinter eine Ohrmuschel gelegte linke Hand, die nach links gerichteten Pupillen, der skeptisch unbestimmt wirkende Schnabelausdruck, das leicht gedrehte Vorbeugen des Oberkörpers. Während Donald hier auf selbstproduzierte Geräusche suchend achtet, wird er in Abbildung 13b durch ein Geräusch erst aufmerksam. Striche geben an, woher es kommt: aus der offenen Ladeluke des Schiffes, zu der Donald dann auch reagierend schaut. Die hochgezogenen Augenbrauen zeigen sein Erstaunen an, ebenso die Schnabelhaltung, verstärkt durch das Fragezeichen, das seine Mimik gewissermaßen erklärt. In Abbildung 13c kommentiert die Denkblase dem Leser, was er allerdings recht anschaulich an Donalds Haltung ablesen kann. Depressiv, enttäuscht, ja, hoffnungslos steht er da, bar aller Kraft und Energie. Statt eines klaren, vorwärtsweisenden Blicks trägt er einen stumpf-starren, leicht schielenden zur Schau, dessen Leerheit beziehungsweise Insichgekehrtheit durch die schräg fallenden Lider wie die hochgezogenen Augenbrauen verstärkt wird. Der Kopf versinkt fast zwischen den Schultern, die Arme hängen kraftlos herab. Der Mund (Schnabel) paßt sich ganz in diesen Kontext ein. Anders in Abbildung 14. Hier ist

Abb. 14

Donald aktiv. Er ist stutzig geworden. Seine Pose muß im szenischen Ganzen gesehen, mit der der Person, die er von erhabener Warte aus in den Blick bekommen hat, kausal verbunden werden. In Denkerpose stützt sich der Schnabel auf die linke Hand; der scharfe Blick wendet sich dem Passanten zu, grüblerisch markieren Augenbrauen und Stirnfalte, was in ihm, in seinem Kopf vorgeht. Die Denkblase spricht es – den Rezipienten meinend – aus und bestätigt den visuellen Eindruck. Auch in Abbildung 15 können wir die Pose eindeutig identifizieren: Donald hat einen Wutausbruch. Arme und Beine steif von sich gestreckt, ist er ›in die Luft‹ gegangen, die Fäuste sind geballt, der Schnabel zum Schrei aufgerissen. Das durch Falten verkniffene Gesicht, die schrägen Augenschlitze, die schwebende Mütze, der angedeutete, gewissermaßen Ausrufezeichen setzende Strahlenkranz um den Kopf demonstrieren das

Abb. 15

ganze Maß seines Ärgers. In der Sprechblase (die sich an nicht im
Bild befindliche, aber im Text – »ihr« – angesprochene und durch
eine Sprechblase vertretene Zuhörer wendet) konkretisiert die allgemeine Aussage des Bildes, füllt sie mit Inhalt. (Meist ist es umgekehrt: der allgemein abstrakte Begriff, etwa ›Stuhl‹, wird durch die
Visualisierung konkretisiert: dieser eine so aussehende bestimmte
Stuhl.) Wir erfahren den Grund von Donalds Verhalten, worum es
ihm geht. Wir nehmen ihm seinen Ärger und die Intensität seiner
Wut ab; zugleich aber wirkt er in dieser übertriebenen Pose komisch.

Durch die Körpersprache wird, wie die Beispiele veranschaulichen, die Charakterisierung des Akteurs deutlich, das innere Geschehen, sein Denken und Tun. Durch die Körpersprache wird die
Kommunikation der Akteure – mit dem Rezipienten wie untereinander – getragen. Oft ist die Sprechblase unnötig; sinnvoll wird sie
dann, wenn es für das Verständnis der Geschichte wichtig ist, konkrete Inhalte zu erfahren. Viele textlose Bildgeschichten demonstrieren, wie aussagestark, wie beredt Pose, Gestik und Mimik sein
können, wie geringe, aber markante zeichnerische Pointierung (ich
erinnere an die bekannten Figuren aus *Vater und Sohn* von Erich Oh-
ser) dem Betrachter alles sagen können, was in den Figuren vor sich
geht. E. H. Gombrich spricht in diesem Zusammenhang von »Ausdruckszeichen«. Im Hinblick auf den Genfer Bildgeschichten-
Künstler Rodolphe Töpffer (1799–1846) formuliert er:

»Das merkwürdigste [...] ist aber wohl, daß diese Ausdruckszeichen im-
stande sind, beinahe jede beliebige Gestalt zu etwas Lebendigem zu machen. Sobald wir in dem starren Auge oder offenen Mund einer unbelebten

Form Ausdruck entdecken, tritt das, was ich das Töpffersche Gesetz nennen möchte, in Aktion. Wir sehen nicht mehr einfach ein Gesicht, sondern ein Wesen mit eigenem Charakter und eigenem Leben, das uns erfreut oder bedrückt, bedroht oder beruhigt.« (Kunst und Illusion. Köln 1967, S.379 f.)

In der Bildfolge verbinden sich diese Ausdruckszeichen in der Veränderung zu einem Prozeß. Abbildung 16, Giovanettis Murmeltier Max, demonstriert anschaulich, wie über variierte Bewegungszeichen und Körpersprache in allmählicher Steigerung nicht nur eine Geschichte, sondern der Charakter einer Figur, das Wesen der Rolle, sichtbar wird.

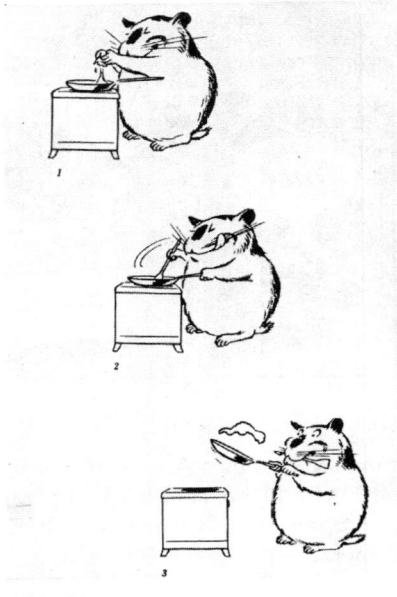

Abb. 16a

Hinweise zum Umgang mit dem Akteur

Pop-Art-Künstler (z.B. Mel Ramos) nahmen Comic-Helden aus ihren Geschichten heraus, setzten sie in Acryl oder Öl großformatig auf Leinwand oder Holzplatte und führen sie so, medial verändert, dem Betrachter vor. Der Betrachterblick ändert sich; im optimalen Sinn vermag er das Gezeigte näher zu fixieren und zu reflektieren, isoliert von der Geschichte Assoziationen wie Wirkungen zu überprüfen, die allein von der Darstellung und dem Wissen des Betrachters ausgehen. Durch ähnliches Vorgehen (die Comic-Figur wird per Dia oder Episkop vergrößert und abgezeichnet) könnte nun die charakteristische Pose, die Bedeutung der Attribute und Farbgebung deutlicher vor Augen treten. Die einzeln vorgegebene Figur (z.B. per Fotokopie) provoziert eine Szene, eine Geschichte: Wird lediglich schon Vertrautes reproduziert? Steuert die Figur einen ganz spezifischen Kontext (aufgrund ihrer Attribute, ihrer Körpersprache)? Was passiert, wenn Comic-Figuren unterschiedlicher Serien zusammengebracht werden? Ausgeschnitten können Comic-Helden im Verbund mit anderen Figuren zu

Abb. 16b

Papierschauspielern werden, die in einer phantasievollen adäquaten wie kontrastiven Kartonbühne geführt werden. Sprechblasen motivieren, eine ›passende‹ Figur zu zeichnen, bei der es neben dem attributiven Erscheinungsbild auch auf die adäquate Körpersprache ankommt. Umgekehrt können Figuren in charakteristischer Pose leere Blasen erhalten, die nun entsprechend als Denk-, Sprech-, Schreibblase inhaltlich zu füllen sind. Dabei kann im Vergleich deutlich werden, daß Körpersprache zwar im Allgemeinen relativ klar bestimmt ist, im Konkreten aber durchaus mehrdeutig sein kann. Eigenes Spielen (Aufstellen als ›Wachsfigur‹) hilft, gewünschte Posen genauer zu erfassen. Mit beweglichen Papp-Flachfiguren (an den Drehpunkten durch Musterbeutelklammern zusammengehalten) können Bewegungsabläufe und prägnante Momente spielerisch, experimentell gelegt und dann nachgezeichnet werden. Entsprechend den Entwürfen vieler Comic-Zeichner können eigene Figuren zunächst als Strichmännchen entwickelt werden, wobei die Striche für Beine, Arme, Körper, der Kreis für den Kopf wie ein Skelett aufzufassen sind, das nun nach experimentell gefundener und akzeptierter Pose mit ›Fleisch‹ und Kleidung angereichert wird. Welcher charakteristischen Pose, welcher spezifischen Attribute bedarf es, um einen Typus wiedererkennbar darzustellen?

Ziel der Versuche sollte sein, spielerisch mittels eigener ästhetischer Praxis das Verfahren der visuellen Kennzeichnung und der ›Verlebendigung‹ der Akteure nachzuvollziehen, so besser durchschauen, wertend beurteilen und selbst anwenden zu lernen.

Die Bildfolge

Abbildung 10, die uns oben zur Veranschaulichung der Bewegungsdarstellung diente, ist inhaltlich unbefriedigend. Warum schnappt die Katze nach der Brosche? Warum hat Donald das Schmuckstück überhaupt bei sich? Wie kommt er hierher? Die Antwort auf diese Fragen erschließt sich nicht aus diesem Bild, sondern aus der kompletten Bildgeschichte. Diese Abbildung gehört zu einer 27 DIN-A4-Seiten starken Geschichte, die insgesamt 217 einzelne Bilder (Panel) aufweist. Sie ist das 20. Bild der Geschichte, findet sich als 7. Bild auf der dritten Seite (Seite 5 im Album). In den ersten 19 Bildern erfahren wir, daß die Brosche Donalds Cousine Daisy gehört, die sie ihm zur Aufbewahrung gab. In Geldverlegenheiten, hat Donald vor, die Brosche zu versetzen. Da er sie in einer Sardinenbüchse aufgehoben hatte, stinkt sie penetrant nach Fisch, was Donald veranlaßt, die Brosche auf dem Weg zum Pfandleiher immer wieder in die Luft zu werfen und wieder aufzufangen: sie quasi zu lüften. Er beeilt sich; so hat er auch nicht gemerkt, daß – angelockt durch den Fischgeruch – eine ganze Horde von Katzen hinter ihm her ist, deren schnellste ... – siehe Abbildung 10! Das Geschehen liefert den Auftakt für eine turbulente Geschichte, in der Donald alles daransetzt, die Brosche wiederzubekommen, zumal Daisy sie überraschend zurückfordert. Der erzählerische Stellenwert des Einzelbildes ist relativ gering; es ist (nur) Baustein in der Bildfolge, als solches wichtig, aber erzählerisch ganz verständlich nur im größeren Kontext.

Die Bildgeschichte basiert auf der narrativen (erzählenden) Bildfolge, portioniert den Erzählstoff in angemessenen, in der Regel chronologischen Schritten, dargeboten in Einzelbildern, die der Leser miteinander verbinden muß.

Das Einzelbild

Nun kennen wir in der bildenden Kunst eine Vielzahl von erzählenden Bildern, die nicht in einer Folge, sondern als Einzelbilder geschaffen und präsentiert werden. In prägnanten Szenen werden so biblische Themen, Legenden, Mythen und Sagen wie auch geschichtliche Stoffe dargestellt. Das Bild illustriert meist eine dem Künstler und dem Auftraggeber wichtige Schlüsselstelle, eine bedeutende Situation. Dabei rechnet es mit dem Wissen des Betrachters, geht davon aus, daß er Verweise, Symbole, Anspielungen, die auf den gemeinten Stoff schließen lassen, erkennt und zu deuten versteht. (Erwin Panofskys ikonologische Methode der Bildanalyse veranschaulicht, wieviel einem Betrachter aus einer anderen als der Entstehungszeit des Bildes oder aus einem anderen Kulturkreis an Bedeutungshinweisen unbekannt sein kann, die er sich mühsam aus Textquellen rekonstruieren muß. Vgl. u.a. Erwin Panofsky: Sinn und Deutung in der bildenden Kunst [1955]. Köln 1975.) Der Stoff, die erzählte Geschichte, wird als bekannt vorausgesetzt, der Betrachter aufgefordert, das, was vor und was nach der im Bild gezeigten Szene geschehen ist, selbst – als ›inneren Text‹/‹innere Bildfolge‹ – zu ergänzen.

Zu Beginn des 15. Jahrhunderts entstand in der abendländischen Malerei eine neue selbständige Gattung: das Genrebild. Sein Thema ist das irdische Dasein, das allgemein Menschliche, in typischen Ausschnitten aus dem Alltagsleben eingefangen. Ähnliches kennen wir bereits aus der Kunst des alten Ägyptens, der Vasenmalerei seit Ende des 6. Jahrhunderts vor Christus, der ostasiatischen Kunst des 8. Jahrhunderts. »Flüchtige Szenen des Lebens« (Schopenhauer) werden dargestellt, aus bäuerlichem, bürgerlichem, höfischem Milieu. In Europa hat die Genremalerei im 17. Jahrhundert in den Niederlanden einen Höhepunkt, findet sich in den folgenden Jahrhunderten verstärkt wieder. Künstler wie Watteau, Chardin, Greuze, die Präraffeliten in England, Spitzweg und Menzel in Deutschland zeigen ihre Spannbreite auf, und auch in der Kunst unseres Jahrhunderts hat die erzählende Alltagsdarstellung unterschiedlichster Intention ihren gewichtigen Stellenwert. Das Genrebild können wir als selbständige Ein-Bild-Bildgeschichte auffassen; das Davor und Danach des punktuell, prägnant gezeigten Geschehens hat der Betrachter kombinierend zu erschließen, wobei er – ausgehend vom Gezeigten – seine Phantasie, seine Alltags- und Medienerfahrung einsetzt. Auch die (satirische) Karikatur, auch der Bildwitz sind meist Ein-Bild-Bildgeschichten, deren Witz gerade darauf basiert,

Abb. 17

daß der Betrachter angeregt wird, das Nichtgezeigte weiterzudenken. Text (Erklärung, Kommentar, wörtliche Rede als Untertext, als Sprechblase; Insert [= Beschriftung im Bild, z.B. ein Schild, ein Brief]; Lautmalerei) kann zur Bildaussage integriert hinzutreten, manchmal auch ironisch kontrastiv.

Abbildung 17 ist eine Einzelbild-Geschichte aus der Comic-Serie *Hägar* von Dik Browne. Ohne große Mühe kann der Betrachter sich vorstellen, was der gezeigten Szene an Handlung vorausging: Die beiden Wikinger (Hägar und Sven Glückspilz, wie der Kenner aus anderen Folgen weiß) mußten offensichtlich einer feindlichen Übermacht weichen, erreichen einen Abgrund, der zum Glück von einem schmalen, schwankenden Steg überbrückt wird. Eilig betreten sie diesen Steg; währenddessen erscheint am anderen Ende der Brücke ein riesiger, schnaubender, gefährlich wirkender Drache. Hier erst setzt die Geschichte ein. Die Gegner haben inzwischen den Steg erreicht und den Rückweg abgeschnitten. Ein Pfeilregen bedroht Hägar und Sven Glückspilz und zeigt, daß die Feinde nicht mit sich reden lassen. Der Drache blockiert das rettende feste Land der anderen Seite. Die offensichtliche Ausweglosigkeit kommentiert Hägar mit einem lapidaren Spruch, der an schwarzen Humor erinnert. Der Witz, die Pointe der Geschichte besteht darin, daß dem Betrachter der Fortgang des Geschehens überlassen bleibt. Ein offenes Ende wird präsentiert, das insoweit absurd wirkt, als der Betrachter – der Kenner der Serie – ja weiß, daß Hägar und sein Freund als ›stehende Figuren‹ hier keinesfalls umkommen (können). Jede mögliche Lösung, die uns in einem zweiten Bild der Zeichner anbieten könnte (überraschende Rettung durch Dritte; der Drache schläft ein; die Schlucht ist gar nicht so tief, und beide springen z.B. in ein Boot, das den die Schlucht durchlaufenden Fluß entlangfährt o.ä.), würde die Pointe entschärfen. Das offene Ende, die Verunsicherung des Betrachters ist erzählendes Mittel.

Von ›Bildgeschichte‹ können wir auch beim Einzelbild sprechen, wenn es in einer prägnanten Szene ein Geschehen anspricht, das der Betrachter aus seinen Bild- und gegebenenfalls Textangaben in einen Prozeß, eine Geschichte binden kann, die er kombinierend als Bildfolge im Kopf konstruiert.

Die enge Bildfolge

Mit Abbildung 18 bleiben wir bei der Serie *Hägar*. Jetzt liegt uns ein Zeitungsstrip mit drei Bildern vor. (Die Titelleiste »Hägar« können wir, ebenso wie oben, außer acht lassen.) Auch wer die Serie nicht kennt, wird aufgrund des Cartoon-Stils sofort schließen, daß es sich um eine komische, auf Lachen zielende Geschichte handelt, wird anhand der Attribute den Wikinger und – aus seinem Tun wie aus der Ansprache in der Sprechblase gefolgert – den Arzt erkennen. (Wer die Serie kennt, dem sind die Namen Hägar der Schreckliche und Dr. Met vertraut, aber auch die Charaktere dieser ›stehenden‹ Figuren: der Klein- und Spießbürger Hägar, für den Rauben und Morden ›normales‹ Berufsleben sind, der ›Arzt‹, der mit oft äußerst skurrilen Mitteln und Scharlatanerie an seinen Patienten herumdoktert. Für den Kenner erhöht sich der Witz des Streifens. Er findet bestätigt, daß hier wie auch sonst in den Streifen wie in den längeren Albengeschichten sein Gegenwartsalltag in die Wikingerzeit übertragen und leicht satirisiert wird, zumal er davon ausgehen kann, daß in der letzten Epoche der Eisenzeit in Nordeuropa Rolle und Verhalten eines Arztes/eine Patientenuntersuchung kaum nach heute vertrautem Muster vor sich gegangen sein dürfte. Doch geht es hier nicht um eine Interpretation der Geschichte; sie soll uns dazu dienen, die ›enge Bildfolge‹ zu erklären.)

Gewohnt, von links nach rechts zu lesen, bestimmen wir automatisch das linke Bild als 1, das mittlere als 2, das rechte als 3. Wir schauen in das erste, annähernd quadratisch umrahmte Bild frontal hinein, relativ nah bei den Personen, mit ihnen auf gleicher Ebene.

Abb. 18

Der sitzende Hägar hat die Zunge herausgestreckt, die Dr. Met durch eine Lupe genau betrachtet. Hägars Inaktivität und sein Gesichtsausdruck lassen ihn in der Rolle des ebenso leidenden wie fragend-neugierigen Patienten erscheinen. Bild 2 ist etwas schmaler, möglicherweise Zeichen für ein Zwischenglied. Hägar – die Zunge hat er wieder eingezogen – bleibt unverändert sitzen, Dr. Met sehen wir seitlich gewendet, Hägar nun den Rücken zukehrend. Vier Bewegungsstriche, die Pose, der Abstand zu Hägar, der – im Vergleich zu Bild 1 – größere Raum rechts von Hägar zeigen an, daß er geht. Bild 3 – Schlußpunkt und Pointe – ist deutlich breiter als die beiden ersten. Hägar sitzt wie vorher, spricht Dr. Met in einer Sprechblase, die wie eine erklärende Überschrift das Bild oben abschließt, an. Dr. Met sehen wir von der Seite, wieder nach links, Hägar zugewandt, ausgerichtet. Der Abstand zu Hägar wie zum rechten Bildrand sowie die drei Striche hinter ihm signalisieren: Er geht. Folgt seine Bewegung in Bild 2 der Leserichtung (er *verläßt* Hägar), so konstrastiert sie jetzt mit ihr: Er *kommt*. Er hat sich verändert: Sein Kopf steckt in einem geschlossenen Rüstungshelm. Hägars Worte benennen den Grund dafür, und automatisch schauen wir wieder zu Bild 1, rückversichern uns: Der Blick durch die Lupe auf Hägars Zunge löst offensichtlich in Dr. Met einen Entschluß aus, den er unverzüglich umsetzt. Das erfordert – Bild 2 –, Hägar zu verlassen und mit einem Helm geschützt zurückzukommen, um – vermutlich – die Untersuchung fortzusetzen beziehungsweise das bisherige Resultat mitzuteilen. Alle drei Bilder stehen in einem inhaltlich kausalen Zusammenhang, folgen chronologisch, linear aufeinander. Das jeweils nachfolgende Bild ist dem vorangehenden verbunden, ergibt sich aus ihm. Der Ort des uns sichtbaren Geschehens bleibt in allen drei Bildern gleich; Hägars relativ gleiche Position demonstriert im Kontext mit der Aktivität Dr. Mets das Ablaufen von Zeit. Hägar wartet. Das Einzelbild ist nicht autonom, sondern als Baustein, als Glied einer Kette in den geschilderten Prozeß eingebunden. Es ist unbedeutend, wie konkret lang die Zeitspanne zwischen den einzelnen Bildern ist. Die Untersuchung in Bild 1 kann recht lange dauern, von seiner Beendigung bis zur Aktion Dr. Mets in Bild 2 ist nur wenig Zeit vergangen, so viel, wie er benötigt, die Lupe sinken zu lassen, sich umzudrehen und die ersten Schritte zu gehen. Der Abstand zwischen Bild 2 und 3 ist rekonstruierbar: Die Zeitspanne dauerte wohl so lange, wie Dr. Met benötigte, den Helm zu finden, aufzusetzen und zurückzukommen. Die subjektive Zeit, die für Hägar verging, mag dabei sehr lang sein, für Dr. Met ist sie ein ununterbrochen kontinuierlicher Verlauf. Ohne weiteres kann der Betrach-

ter aufgrund der jeweiligen Bildinformationen, der Leserichtungs-
folge (die ihn zwingend einen Prozeß- und Zeitverlauf erwarten
läßt) kombinieren, was ›zwischen‹ den Bildern geschieht. Er kann
die ›Leerstellen‹ kombinierend (mit Hilfe seiner Phantasie, seiner
Erfahrung, der angelegten Kausalität) füllen. Die Einzelbilder sind
voneinander abhängig, in Folge eng aufeinander bezogen; ›enge
Folge‹ meint: eingeschränkte Autonomie des Einzelbildes zugun-
sten einer engen inhaltlichen, kausalen, chronologisch-linearen
Zeitabfolge des Gesamtprozesses.

Das zweite Beispiel (Abb. 19) ist eine einseitige Kurzgeschichte
aus einem DIN-A4-Album der Serie *Die Schlümpfe* von Peyo (Semic).
Von links nach rechts, von oben nach unten wird in acht Bildern erzählt. Auch hier schaut der Betrachter frontal, auf gleicher Höhe wie
die Akteure, ins Bild. Während in der *Hägar*-Geschichte der Ort
zeichnerisch nicht weiter beschrieben wird, haben wir hier recht genaue Angaben, die der Einstimmung des Betrachters als Teilhaber
an diesem lichten, schönen Sommertag in der Natur dienen. Die erzählte Zeit in Bild 1 ist relativ offen, steht es doch gewissermaßen
zeichenhaft für Atmosphäre und Stimmung der geschilderten
Situation. Froh gestimmt ist der Mal-Schlumpf mit seinen Utensilien
unterwegs. Bild 2 markiert einen neuen Ort, der dann für die weitere Geschichte beständig ist. Ein zweiter Schlumpf wird gezeigt; er
sitzt, das Gesicht in die Hände gestützt, auf einem Stein. (Die Pose
ist nicht unbekannt: sie erinnert an das Bildnis Walthers von der Vo-
gelweide aus der *Manessischen Handschrift*, um 1314, an Dürers *Me-
lancholie*, 1514, an Rodins *Der Denker*, 1880.) Seine bittere Miene kon-
trastiert mit der Freundlichkeit der Szene, was auch überrascht der
Mal-Schlumpf registriert, der den anderen auf seinem Weg trifft. Mimik sowie Frage- und Ausrufezeichen in einer Sprechblase kennzeichnen sein Erstaunen, während dem anderen eine mächtige
schwarze Denkblase symbolträchtig zugeordnet ist. Statt des tan-
zenden Schmetterlings (Bild 1) haben sich hier eine Fledermaus,
eine Spinne und ein Floh eingenistet, Tiere, die symbolisch für seine
schlechte Laune stehen. In Bild 3 hat der Mal-Schlumpf die Mal-
utensilien auf den Boden gelegt. Er ist wohl zu einem Entschluß gekommen, den er jetzt in die Tat umsetzt. Er verscheucht die Tiere aus
der schwarzen Blase. Im nächsten Bild drückt er Farbe auf die Palette und beginnt – eifrig, wie die aus dem Mund ragende Zungen-
spitze zeigt -, die schwarze Blase zu weißen. In Bild 6 hat er es bereits geschafft und rührt nun – zielbewußt zur nun leeren Denkblase
schauend – mit rotem Pinsel auf der Palette. In Bild 7 hat er einen
bunten Blumenstrauß in die Denkblase gemalt. Mimik und Haltung

Abb. 19

des betrübten Schlumpfes ändern sich peu à peu mit dieser Aktion, das heißt, von Bild zu Bild klärt sich seine finstere Miene auf, zeigt Erstaunen, schließlich (in 7) ein fröhlich grinsendes Gesicht. Schon hockt er nicht mehr auf dem Stein, sondern ist aufgestanden, um dann im letzten Bild fröhlich lachend mit ausgebreiteten Händen (›komm, schöne Welt, laß dich umarmen‹) davonzuhüpfen. Seinen Helfer hat er gar nicht bemerkt; der steht im letzten Bild ebenfalls zufrieden und kommentiert noch einmal sein Verhalten. (Was eigentlich recht überflüssig ist.) Peyo zeigt uns hier einen grafischen Spaß, der die symbolische Erzählmöglichkeit der Sprech-(Denk-)Blasen veranschaulicht. Sukzessive schreitet das Geschehen in der Zeit in kleinen, nachvollziehbaren Schritten voran, ablesbar in der Handlung (den unterschiedlich gezeigten Posen) des Mal-Schlumpfes wie in der allmählichen Veränderung der schwarzen Blase. Die vom Aktionsprozeß eingegrenzte erzählte Zeit von Bild 2 bis 7 wird in Bild 8 wieder geöffnet, dem Betrachter anheimgestellt.

Die enge Bildfolge rückt die Einzelbilder aneinander, inhaltlich, kausal, zeitlich, wie Perlen auf eine Schnur gereiht. So kann – nachvollziehbar – ein Bewegungs- wie ein äußerer und innerer Handlungsprozeß geschildert werden, kann Zeit gerafft oder gedehnt werden. Ein in Perspektive und Motiv gleichbleibendes Bild kann – wie das zum Beispiel Claire Bretécher vielfach nutzt – in der Wiederholung innere Erstarrung, kann Warten, Unbeweglichkeit ausdrücken. Ein Motiv kann sich in allmählicher Metamorphose langsam verändern (vielfach in Traumgeschichten angewandt), kann langsam näherkommen; oder die Betrachterperspektive wechselt, gibt unterschiedliche Einblicke, Ausschnitte, gibt wechselnde Nähe und Ferne an, um den Erzählprozeß zu dramatisieren, zu strukturieren, Pointen vorzubereiten, die erst (wie in vielen Geschichten der Serie *Der kleine König* von Otto Soglow) in der Gesamtschau zum Tragen kommen. Die enge Bildfolge kann ihre Nähe zum Film nicht leugnen; sie gibt keine prägnanten, illustrativen Szenen wieder, sondern synthetisch verbundene Momentaufnahmen; und auch Montagemöglichkeiten des Films, der ›schnitthafte‹ Wechsel von Erzählebenen und Erzählsträngen, werden genutzt, geht doch der Betrachter davon aus, daß die in Folge gezeigten Einzelbilder als Elemente des Erzählprozesses miteinander verbunden sind.

Die weite Bildfolge

Abgesehen von wenigen früheren Beispielen (zumeist eine Phasenbewegung, eine Kopfwendung, ein Sprung, eine kämpferische Aktion) finden wir die enge Bildfolge vornehmlich seit den Zeichentrickexperimenten des frühen 19. Jahrhunderts. Toepffer, Meggendorfer, Busch, Christophe (eigentlich George Colomb), Caran d'Ache – viele Karikaturisten der (satirischen) Zeitschriften entdecken die bewegte Lebendigkeit, die Schnelligkeit der engen Bildfolge. Bis dahin dominierte die weite Folge; auch Bildfriese, in denen ohne abtrennende Rahmenunterbrechung die Einzelszenen kontinuierlich ineinander übergehen, sind ihr – wie zum Beispiel der Teppich von Bayeux zeigt – bei genauerem Blick verbunden.

Ein Beispiel aus der mittelalterlichen Kunst, zwei Flügel des Lyversberger Passionsaltars, sollen erläutern, was mit weiter Bildfolge gemeint ist. Auch hier wird eine Bildgeschichte erzählt; die durchgängig handelnden Personen sind durch wiedererkennbare Physiognomie, Kleidung/Farbe, spezifische Attribute gekennzeichnet; die Bildfolge verläuft chronologisch im Erzählprozeß. Die Geschichte beginnt links oben mit dem Abendmahl, Christus umringt von seinen Jüngern. Rechts daneben sehen wir, wie Christus von Bewaffneten gefangengenommen wird, erkennen Judas, der ihn umfaßt und küßt, sehen Petrus mit erhobenem Schwert, und mit ausgestreckter Hand heilt Christus das abgeschlagene Ohr wieder an. Die nächste chronologische Szene ist unten links zu sehen. Links im Hintergrund sehen wir den entkleideten Christus, wie er geschlagen wird. Architektonisch wird dies von einer zweiten Szene getrennt, der Dornenkrönung und Verspottung. In *einem* Raumbild finden wir Christus zweimal in unterschiedlichen Situationen, zu unterschiedlichen Zeitpunkten dargestellt – ein Beispiel des verbreiteten Simultanbildes, einer speziellen Form der Bildgeschichte. (Eindrucksvolle Beispiele finden sich u.a. bei Memling: *Die Passion Christi*, 1470, oder *Die sieben Freuden Mariä*, 1480. Die simultane Darstellung kann in Verbindung mit spätmittelalterlichen Theateraufführungen gesehen werden, bei denen an kirchlichen Feiertagen auf den Straßen und Plätzen der Städte mit Hunderten von Akteuren das Leben Christi und Mariä gespielt wurde.) Im nächsten Bild wird Christus dem römischen Statthalter Pilatus vorgeführt, der seine Hände in einer zugereichten Wasserschüssel wäscht. In gleicher Weise, von links nach rechts, von oben nach unten, ist der zweite Flügel aufgebaut. Oben links (in der Reproduktion das dritte Bild von links) schleppt Christus das Kreuz. Vorne links sucht Simon von Kyrene ihm zu helfen. Das nächste, rechte Bild zeigt die Kreuzigung; unten links sehen wir die Kreuzabnahme, im letzten dann die Auferstehung. Rechts stehen die drei Marien, die gekommen waren, den Leichnam zu salben.

Jedes Einzelbild illustriert in höchst komplexer und autonomer Weise eine bedeutungsvolle Szene der Passion. Jeweils ein prägnanter Moment wird herausgegriffen, wobei im Einzelbild zeitlich differenzierte Ebenen gezeigt werden können: so in Bild 2, wo der Kuß des Judas, Petrus' Schlag mit dem Schwert, das Heilen des Ohres, die eigentliche Gefangennahme in einem zeitlichen kausalen

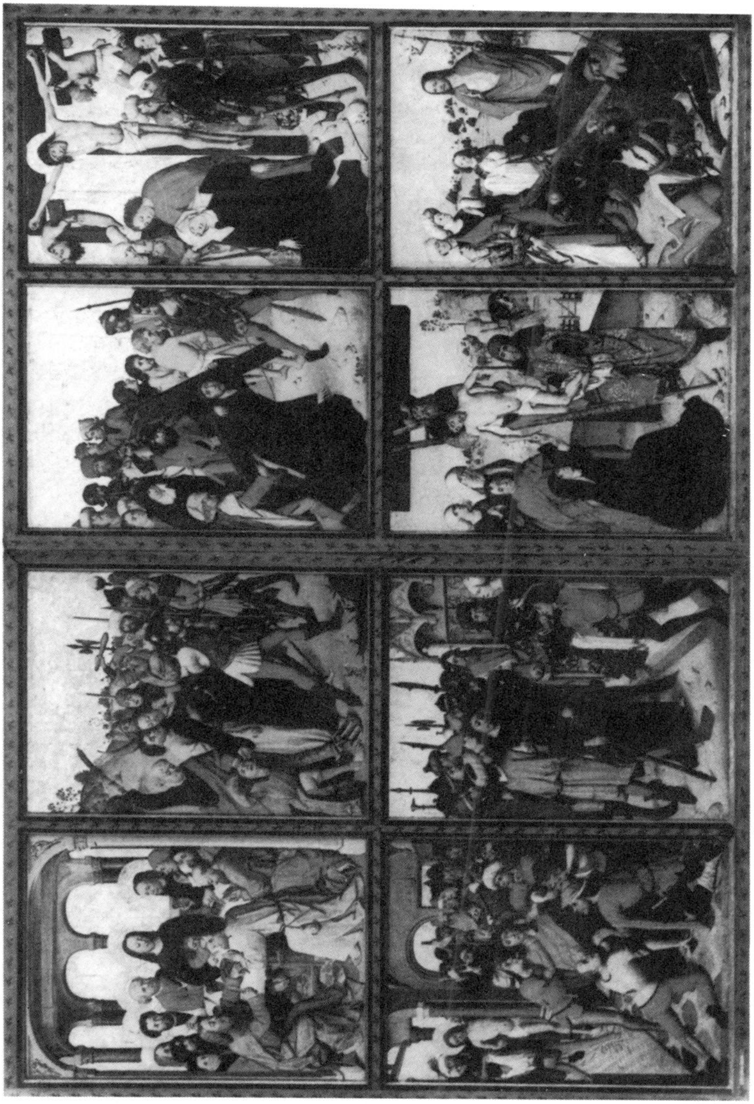

Abb. 20

59

Prozeß stehen, aber in eine Szenendarstellung verschmolzen werden; ähnlich, aber mit Wiederholung der Akteure, in der Simultandarstellung des dritten Bildes. Es werden Stationen gezeigt, die in einem längeren Zeitraum aufeinanderfolgen. Jedes Einzelbild, könnte man sagen, entspricht einem Kapitel, spiegelt eine eigene Teil-Geschichte. An den Betrachter werden hohe Anforderungen gestellt: bei der Erfassung des Einzelbildes, bei der prozessualen Zusammenbindung der Folge. Dabei kann allerdings davon ausgegangen werden, daß (zumindest der zeitgenössische) Betrachter nicht nur den Stoff kennt, die einzelnen Stationen also inhaltlich zuzuweisen vermag, sondern auch mit dem Bildprogramm, mit der Symbol- und Zeichensprache vertraut ist. Denn hier wird mit relativ festen, von den einzelnen Künstlern nur gering abzuwandelnden Bildzeichen (Kompositionsschemata, Figurenkennzeichnung, Symbole, Farben, Objekte) gearbeitet. Die Bilddarstellung will ja weniger ein irdisch-materielles Bild-Theater demonstrieren, als Bildzeichen, überzeitlich, transzendent sein. Viele der Altar-Bildgeschichten sind von den Miniaturen der Handschriften geprägt, in denen die weite Bildfolge deutlicher noch illustrativen, dem Text zugeordneten Charakter hat. Frei von der Handschrift – dem Medium Buch – entwickeln sich dann im großformatigen Altarretabel Erzählkompositionen eigener Art. Die der Leserichtung folgende Reihung kann aufgebrochen werden; ein bedeutungswichtiges Bild (meist die Kreuzigung) steht im Zentrum, um das die anderen Stationen in kleinerem Format angeordnet sind. Zwei-, Drei-, Vierteilungen und mehr prägen – auch von der Form des klappbaren Flügelaltars mitbestimmt – die Bildfolge.

Additiv einander in der Chronologie der Handlung folgend, den Betrachter zwingend, die Geschichte, will er sie vollständig erfassen, ›entlangzugehen‹, ist der Fresken-Zyklus von Giotto di Bondone in der Kirche San Francesco in Assisi (entst. vermutl. 1296/1304) angelegt. Er erzählt das Leben des Heiligen Franziskus. Auch hier finden wir die wichtigen Stationen seines Lebens illustrativ, in prägnanten Szenen dargestellt: Die Huldigung auf dem Marktplatz, die Mantelspende, die Vision des Palastes ... über Quellwunder, Vogelpredigt, Stigmatisation bis zu Todesszene und Heiligsprechung. Wer den Stoff nicht kennt, wer mit der Symbolik nicht vertraut ist, wird die Komplexität der Geschichte nur unzureichend erschließen können. Ähnlich ist es mit den Bildgeschichten der mittelalterlichen Glasfenster, die oft komplexen Erzählprogrammen folgen, aber autonom, ohne Kontext-Wissen nur teilweise verständlich sind. Die Komprimiertheit des Einzelbildes, der oft große zeitliche Sprung

von Bild zu Bild, der nicht immer die Kausalität des Prozesses vermittelt, verlangt – insbesondere, wenn es nicht um allgemein bekannte Stoffe (wie Bibeltexte und Legenden) handelt – textliche Zu-
sätze. So finden wir Schrifthinweise im Teppich von Bayeux wie in
der Bilderchronik von Kaiser Heinrichs VII. Romfahrt (Bilderzyklus
um 1340).

Mit Aufkommen der Drucktechniken und des Papiers gewinnt
der Bildzyklus, der nun vervielfältigt viele erreichen und individuell studiert werden kann, an Bedeutung. Neben religiösen Themen
wird das profane menschliche Leben, Alltagssorgen und -nöte,
Liebe und Leid, Krieg und Katastrophen, bedeutende Ereignisse
und anrührende Einzelschicksale, zum Stofflieferanten der Bildgeschichten, aber auch Mythen, Sagen und Märchen. Dem Informati-
ons- und Unterhaltungsbedürfnis des (Massen-)Publikums kommt
die Anschaulichkeit der Bildgeschichte sehr entgegen. Noch bis ins
19. Jahrhundert kann die Mehrzahl der Menschen (in Deutschland)
nicht lesen. Die populäre Bildgeschichte – lukrative Ware findiger
Verleger – legt weniger Wert auf künstlerische Qualität denn auf for-
melhafte, vertraute Verständlichkeit. Ein naiv-zeichenhafter Stil
prägt die Bilder der Bilderbögen wie auch die großen bemalten Bild-
tafeln der Moritatensänger, die von Jahrmarkt zu Jahrmarkt reisen
und die weite Bildfolge ihrer Sensations- und Rührgeschichten mit
meist gesungenem Vortrag erläutern. (Den Lesekundigen wird
dann die Geschichte als Textheft verkauft.)

Den Gebildeten ist diese populäre Kunst suspekt, zu banal, zu
oberflächlich, zu unkünstlerisch. So wird die »Bilderliteratur« des
Volkes (Carl Rosenkranz, 1836) weitgehend ignoriert, ist den Wis-
senschaftlern und Historikern allenfalls aus ethnologischer Sicht
von Interesse. Für das bürgerliche Publikum tritt das Bild zurück,
die Schrift erhält den Vorzug. Die Bildgeschichten in den Kirchen
und anderen öffentlich zugänglichen Gebäuden, an Säulen, Kirch-
hofsmauern (auf die die frühen Totentänze gemalt werden), die ver-
vielfältigten Zyklen (z.B. Dürers *Große Passion*, 1511) wendeten sich
an alle, waren der Predigt, der religiösen Unterweisung und Erbau-
ung verpflichtet und konnten auf ein relativ durchgängig vorhan-
denes (Vor-)Wissen inhaltlicher wie ästhetischer Art bauen. Auch
weltliche Themen, wie Radierfolgen zu Leid und Schrecken des
Krieges (z.B. *Bauernvertreibung* von Boëtius Adam Bolswert, 1610,
aus der Zeit des holländischen Befreiungskrieges; Szenenfolgen aus
dem Dreißigjährigen Krieg von Jacques Callot, 1633; die *Schrecken
des Krieges* aus dem Befreiungskampf der Spanier gegen die Fran-
zosen, 82 Radierungen von Francisco Goya, entstanden 1804/14,

veröffentlicht 1863), waren für alle die vielfach Betroffenen verstehbar, basierten sie doch auf konkreter beobachteter Wirklichkeit.

Hogarth (s. oben) zeigt, wie die bürgerliche Künstler-Bildgeschichte komplex, artifiziell ›konstruiert‹ wird. Die für Adel und gebildetes Bürgertum gedachte *Heirat nach der Mode* (1746) verlangt zum Verstehen ein differenziertes Wissen. Anspielungen, die nur einem Kreis Eingeweihter vertraut sein konnten, Zitate aus Mythologie, Literatur, Kunst und bürgerlicher Gesellschaft mit symbolisch-verweisender Erzählfunktion lassen die Einzelbilder zu Rätseln werden, die auch damals der ›gemeine Mann‹ nur unzureichend lösen konnte. Es bedarf zum studierenden, genießenden Bildgeschichten-Lesen besonderen Interesses, umfangreicher Bildung, Zeit und Geldes (die Künstlerzyklen sind nicht für jeden erschwinglich). So splittet sich mit dem bürgerlichen Zeitalter die Bildgeschichte auf, in eine populäre, allgemein verständlich unterhaltende Form und eine bewußt künstlerische, subjektiv geprägte, oft experimentelle, zu deren interpretierendem Verständnis Bildungswissen, Sensibilität, Offenheit und Muße gehören.

Eine Geschichte wie Bonaventura Genellis *Das Leben einer Hexe* (10 klassizistische Zeichnungen, gestochen von Heinrich Merz und C. Gonzenbach, Düsseldorf / Leipzig 1847 / 50) ist ohne mythologisches Wissen nicht deutbar und bedarf »erläuternder Bemerkungen« (von Hermann Ulrich). Jede Zeichnung gibt eine Station im Leben eines Mädchens wieder, das von einer Hexe entführt wurde, beschreibt in der Folge seine Entwicklung bis zur Erlösung. Eine kunstvoll symbolische Erzählung. Zum Teil biographisch geprägt sind die Bildgeschichten des symbolistischen Künstlers Max Klinger. Die Grafikzyklen (z.B. *Der Handschuh*, 1878, publiziert 1881; *Eine Liebe*, 1887) gewinnen über die äußerliche Liebeshandlung psychologische und soziale Komponenten. Der sozialkritischen Drei-Bild-Geschichte *Eine Mutter* (aus dem Radier-Zyklus *Dramen*, 1883) hat eine Zeitungsmeldung (über den Prozeß gegen eine Frau, die in Not und Verzweiflung ihr Kind tötete) den Anstoß gegeben. Sie demonstriert, wie komprimiert die weite Folge der Bildgeschichte erzählen kann, belegt zugleich, daß ein flüchtiges Betrachten ihrem Gehalt nicht gerecht wird. Mitschaffende Phantasie verlangen die surrealistischen Bild-Romane von Max Ernst (*La femme 100 tetes*, Paris 1929; *Une semaine de bonté*, Paris 1934; dt. Berlin 1962 bzw. 1963), die ohne erkennbare Kausalbeziehungen offene geheimnisvolle Geschichten aus collagierten alten Holzstichen anbieten.

(Sozial-)Kritisch engagierte Künstler, die ihre Kunst nicht elitär verstanden, sondern für ein breites, insbesondere das betroffene Publikum schufen, haben die Chancen der Bildgeschichte stets genutzt. Die weite Bildfolge zwingt dabei den Betrachter, nicht oberflächlich und schnell die Folge, sondern intensiv, überdenkend, prüfend jedes Einzelbild zu erschließen und im Vergleich der Entwicklung des Geschehens nachzuspüren. Beispiele sind Käthe Kollwitz' *Ein Weberaufstand* (1897), die Bildromane von Frans Masereel (1919/28; dt. bei Zweitausendeins, Frankfurt a.M. 1978), Otto Nückels *Schicksal* (München 1928, Reprint Zürich: Limmat 1985). Persönliche Schicksale spiegeln die Bildgeschichten von Otto Hermann (*Die Verdammten*, 1946/49, basierend auf Theodor Pliviers Roman *Stalingrad*, Berlin 1945), Herbert Sandberg (*Der Weg*, Dresden 1966) oder Charlotte Salomon (*Leben oder Theater?* Köln 1981). Erzählung, Information, Reflexion, Kommentar, verallgemeinernde Übertragung binden diese anschaulichen, oft bedrückenden Folgen aus Kriegserleiden, Verfolgung, Angst und Hoffnung: ›Welttheater‹.

Die unglückselige Trennung von Hochkunst und Populärkunst im deutschen Kulturraum hat dazu geführt, daß die Künstler-Bildgeschichte zumeist das angestrebte breite Publikum nicht erreichte, daß ›Hemmschwellen‹ die Lesebereitschaft vieler Menschen verringern, obwohl doch die zuletzt genannten Beispiele dank ihrer Anschaulichkeit und Eindringlichkeit jedem offenen Blick verständlich sind. Die Wahl des Mediums ist für die Zugänglichkeit mitentscheidend. So war der *Nibelungen*-Zyklus von Michael Echter (Auftragsarbeit für Ludwig II., 1864/65; heute zerstört) als Wandmalerei im oberen Theatinergang, dem sogenannten Nibelungengang, der Münchner Residenz nur einem ausgewählten Kreis zugänglich; doch wurde der Zyklus von Jos. Albert fotografiert und in seinem Verlag (München 1876) allgemein vertrieben und so einem breiteren Publikum einsehbar.

Auf öffentliche Wirkung angelegt waren die sogenannten ROSTA-Fenster Majakowskis, Tscheremnychs und Maljutins, die die russische Bevölkerung propagandistisch, agitatorisch, informierend und aufklärend ansprechen wollten. Großformatige Plakate (1919/22) mit politischen, wirtschaftlichen und militärischen Tagesthemen, unter anderem in Schaufenstern ausgehängt, nutzen die Anschaulichkeit, die gute Verständlichkeit der karikierenden Bildgeschichte, deren weite Folge durch knappe, erläuternde Untertexte verknüpft wurde. (Beispiele in: W. Duwakin: Rostafenster. Dresden 1975.)

Im Auftrag des Reichsausschusses deutscher Jugendverbände schuf Carl Meffert seine Linoldruck-Bildgeschichte *Erwerbslose Jugend* (1928), die in sechs Bildern die für viele so trostlose soziale Situation in Deutschland schildert. Er analysiert nicht und gibt keine Handlungsanweisungen; aber es wird dem aufmerksamen Betrachter deutlich, daß nicht die Not als solche, nicht die Verführung zur Straftat angeklagt wird, sondern deren Ursache. Die Folgerungen muß der Betrachter selbst ziehen. Die Geschichte ist ein Aussageangebot, das verstanden und interpretiert werden will. Die weite Bildfolge fordert durch ihre Erzählweise dazu auf. (Neben den weiteren Geschichten *Fürsorgeerziehung* und *Deine Schwester* wieder zugänglich in: Carl Meffert: Die Welt von unten. Berlin: Litpol 1978.)

Die Comic-Geschichte ist der engen Bildfolge verpflichtet. Während die weite Bildfolge additiv einzelne prägnante Szenen aneinanderreiht, in der Zeitfolge eher springend, zielt der Comic auf eine synthetische, fließende Reihung. Dennoch kann – und in den umfangreichen, komplexen und differenziert komponierten Comic-Romanen/-Novellen immer öfter zu beobachten – die weite Bildfolge als dramaturgisches Element integriert sein. Ein Beispiel ist Abbildung 21. Das Comic-Buch erzählt das Grimmsche Märchen *Von einem, der auszog, das Fürchten zu lernen*; ein empfehlenswerter Versuch, der – signalisiert durch den Cartoon-Stil – auf skurrile Weise mit dem medialen Horror-Szenarium spielt, Zitate von Disney bis Kubin benutzt und das Genre ›Gruselgeschichte‹ mit schwarzem Humor ad absurdum führt. Unsere Abbildung zeigt die Seite 19 der Geschichte, mit der des Jungen Wanderung in die Welt beginnt. Zeichner Jon Ranheimsaeter greift hier zur weiten Bildfolge. In prägnanten Szenen zeigt er uns – additiv – die Begegnung des Jungen mit dem Schrecklichen, mit Monstern, Toten, dem Sensenmann selbst. Sie illustrieren, konkretisieren, was der Textblock in der Seitenmitte anspricht:

»[...] es zog ihn in die gefährlichsten Gegenden und zu all den schaurigen Orten, von denen ihm die Leute erzählt hatten.«

Die einzelnen Bilder sind so angeordnet, daß sie wie ein punktuelles Erinnerungsbild des am unteren Bildrand sitzenden Jungen wirken. Die Füße tun ihm vom Laufen weh, wie symbolisch Blitzlinie und Stern andeuten. Was uns als grauenvoll, als erschreckend, als makaber vorkommt, hat ihn nicht sonderlich berührt; und auch die ›geballte‹ Aufzählung kann ihn nur resignativ feststellen lassen: »Ich geh lieber wieder nach Hause zu meinem Vater.« Die Reihenfolge der einzelnen Bilder, ja selbst ihr konkreter Inhalt sind für die Erzählung nicht entscheidend; wichtig ist die erfahrene Vielfalt und die Summe an Grauenvollem, die er aber nicht wahrnimmt beziehungsweise als nicht gruselerregend erfährt. Auf der nächsten Seite greift die Geschichte wieder auf die enge Folge zurück mit einem

Abb. 21

stringenten, erzähl-zeitlich bestimmten Prozeß (die Begegnung mit dem Kutscher, der ihn zum Gasthaus und damit in sein eigentliches Abenteuer führt). Der Wechsel von enger zu weiter und wieder zu enger Bildfolge hat erzählerische, dramaturgische Funktion. In manchen Bilderbögen wurde das auch schon praktiziert. Ein berühmtes Beispiel ist der *Münchener Bilderbogen* Nr. 48 (1850) von Moritz von Schwind, *Der gestiefelte Kater*, in welchem am oberen Bildrand in vier Kästchen (rechts beginnend) in weiter Folge die Vorgeschichte (der Tod des Müllers; der Kater läßt die Stiefel anmessen; er erjagt einen Hasen; er bringt ihn dem König) erzählt wird, während weiterhin in einem Simultanbild, der Schlängellinie eines Weges folgend (was auch den Beginn oben rechts als folgerichtige Augenbewegung legitimiert), die weiteren Handlungsszenen in enger Folge präsentiert werden.

Nicht in einem integrierten Teilbereich, sondern vollständig wird

Gabriele Lorenzers *Das Tuch von Mama* (Ravensburg 1983) die weite Bildfolge benutzt. Die Abbildungen 22a bis c sind die ersten drei von insgesamt sieben doppelseitigen Bildern. Das erste Bild zeigt die junge Mutter mit ihrem Töchterchen offensichtlich im Spielzimmer. Puppenwagen und diverses Holzspielzeug kennzeichnen die Szene; die Position der beiden Menschen, ihre Zuwendung spiegeln ihr inniges Verhältnis. Die Mutter hat über die linke Schulter ein auffallend buntes Tuch drapiert. Das nächste Bild zeigt eine Szene im Freien. Auf Natursteinplatten, von grünem Laub eingerahmt, steht ein weißes Gartentischchen mit zwei Stühlen. Auf ihm eine Kaffeekanne und zwei Tassen. Der eine Stuhl ist besetzt. Ein (relativ) junger Mann sitzt hier, den Kopf auf die Linke gestützt, sinnend. Er wirkt betrübt. Der Stuhl ihm gegenüber ist leer – nur das uns schon bekannte Tuch liegt hier. Für sich genommen bietet das Bild eine eigenständige, vielfach interpretierbare Situation. Doch als zweites Bild der begonnenen Geschichte gesehen, stellt der Betrachter vergleichend Beziehungen her: Das Tuch vertritt die Mutter (s. auch den Titel der Geschichte); der Mann wird als Ehemann, als Vater des Mädchens, gedeutet. Die Szene ist narrativ klar: Die Mutter, offensichtlich noch vor kurzem hier, wie das Geschirr zeigt, ist gegangen, hat nur ihr Tuch zurückgelassen. Bild 3 läßt – für sich – ebenfalls eine Fülle von Deutungsmöglichkeiten zu, die die betrübte, einsame, ja ausweglose Lage des Mädchens unterschiedlich füllen könnten. Im Kontext der ersten beiden Bilder wird die Assoziationsbreite eingeschränkt, die erzählerische Aussage eindeutig. Auch das Mädchen leidet (wie der Vater) darunter, daß Mama fort ist. Als Ersatz hat sie das bunte Tuch umgeschlungen, das sie erinnernd von ihr träumen läßt. In den folgenden Bildern werden weitere Szenen gezeigt, in denen das Tuch als ›Statthalter‹ der Mutter fungiert, auf dem Waldspaziergang mit dem Vater, beim Schlafen. Im vorletzten Bild sehen wir Vater und Tochter am Bahnsteig. Ein Zug ist angekommen, und aus der offenen Waggontür steigt die Mutter. Sie war also nur für eine kurze Zeit verreist. Im letzten Bild sitzt die nun wieder vollständige Familie am festlich gedeckten Abendtisch. Mama trägt ihr Tuch um die Schulter.

Das stabile Pappbuch ist für jüngere Kinder gedacht. Die Einzelbilder regen zum Betrachten und Erzählen an. Was denken, was fühlen, was reden wohl die Personen? Die prägnanten, charakterisierenden Szenen vermitteln anschaulich die psychische Befindlichkeit der Akteure, sind kausal, logisch miteinander zu verknüpfen. Die Fotografie postuliert einen nahen Wirklichkeitsbezug; das Fiktive der Geschichte ist nicht negiert, aber die Einschätzung, das

Abb. 22 a–c

könnte so sein und das könnte ähnlich auch anderen und mir (dem Leser) selbst passieren, wird nahegelegt.

Schon Ausgang des 19. Jahrhunderts entstehen Fotobildgeschichten, zum Teil für eine größere Zuschauergruppe mittels Laterna magica projizierbar. Lely Kempin (*Glückliche Kinderzeit*. Bielefeld / Leipzig 1925) greift in ihren Kinderbüchern Fotobildgeschichten in enger und weiter Folge auf, Friedrich Böer experimentiert in den dreißiger Jahren mit Fotografie, Fotomontage und farbigen Zeichnungen. Doch bleibt im deutschen Kulturbereich die Fotobildgeschichte (als Bilderbuch, als Comic-Geschichte) eine Ausnahme. Übernahmen (meist) aus Italien, wo die Fotonovella sehr populär ist, haben nur geringen Erfolg, verbrauchen sich in ihrer Klischeehaftigkeit auch sehr schnell. Beispiele sind die Reihen *Angela, Michaela, Daniela, Pamela*, durchweg dem Liebes-Heftchenroman vergleichbar. Einige Jugendzeitschriften, zum Beispiel »Bravo«, bieten abgeschlossene wie fortgesetzte Fotocomics, die wie aneinandergereihte Standfotos eines Filmes wirken und nicht sehr überzeugend sind.

Hinweise zum Umgang mit der Bildfolge

Neben der verbalen Analyse bieten sich auch bei der Auseinandersetzung mit der Bildfolge der Bildgeschichte vielerlei Möglichkeiten an, die eigene ästhetische Praxis einzubinden. Dabei kommt es darauf an, daß die Kinder/Jugendlichen (die Schüler) im Vergleich zwischen erzählendem Einzelbild, enger und weiter Bildfolge unterscheiden können und deren narrative Funktionen erfassen.

So kann eine (kürzere) Geschichte als Sammlung durcheinandergewürfelter Einzelbilder vorgelegt werden (Fotokopie, auseinandergeschnitten), um sie dann wieder in die richtige Reihenfolge bringen zu lassen. Worauf ist zu achten? Was gibt Hinweise für die Gliederung?

Einmal erhalten die Kinder Geschichten ohne den Text (z.B. in der Fotokopie vor dem Kopieren geweißt), einmal erhalten sie nur den Text (z.B. die Sprechblasen) und müssen nun versuchen, einmal Text (Überschriften, Überleitungen, wörtliche Rede, Gedanken), einmal Bilder (wer könnte so reden, denken ...?) dazu zu erfinden. Dabei ist darauf zu achten, welche Offenheit und welche Vorgaben durch Text beziehungsweise Bild bereits gegeben sind. Die Präsentation eines einzelnen Bildes (Anfang oder Höhepunkt einer Geschichte) soll animieren, nun in enger oder weiter Folge eine eigene Geschichte weiterzuentwickeln. Übungen bieten sich an: In einem Bildstreifen wird dargestellt, wie etwas/jemand näher kommt, sich wieder entfernt; wie sich etwas verwandelt (Metamorphose); wie etwas mit unterschiedlicher Schnelligkeit in Bewegung kommt und den ursprünglichen Standort verläßt; wie sich Elemente begegnen und durchdringen.

Vorgegebene Stoffe (Texte der Kinder- und Jugendliteratur, Fabeln, Balladen [z.B. Brechts *Kinderkreuzzug*], Märchen, Zeitungsnotizen) dienen dazu, eine Geschichte (weite Bildfolge) zu entwickeln, was in der Gruppe/Klasse arbeitsteilig geschehen kann. Worauf muß man achten, um die Einheit der Bildgeschichte zu wahren? Welche Szenen sind prägnant, bedeutsam, und wie sind sie ins Bild zu setzen? (Die einzelnen Bilder werden als Leporello zusammengeklebt.) Die ganze Gruppe kann in einem großformatigen Raumbild (das mit der Erfahrungswelt der Gruppe korrespondieren kann) ein Simultanbild (enge wie weite Folge, hängt von der Geschichte ab) entwickeln. Wo die Möglichkeit besteht, können die für die einzelnen Bilder nötigen Posen der Akteure szenisch gespielt und dann mit einer Sofortbild-Kamera festgehalten werden. Über das Foto wird eine Folie gelegt, die Figur mit Folienschreiber nachgezogen und jetzt – je nach Erzählanforderung verändert (z.B. in der Kleidung, in der Mimik...) – in einen (zeichnerisch entwickelten) Kontext gestellt. Die Folie läßt sich leicht mit Dispersionsfarbe und Pinsel bemalen. Auf den Tageslichtprojektor gelegt, kann so die Bildgeschichte großflächig projiziert werden. Fotokopien der Folien geben jedem Gruppenteilnehmer die gesamte Geschichte in die Hand. (Jetzt können sie noch individuell koloriert werden.)

Angeregt durch die Collage-Romane von Max Ernst entwirft die Gruppe eine offene, assoziationsfreie Bildgeschichte in weiter Folge, bei der sie vorgefundenes Bildmaterial benutzt.

Ziel aller Übungen und Versuche sollte sein, die Leistungen der engen und weiten Folge, die narrative Funktion des Einzelbildes auszutesten, zu überprüfen, wie sich Bilder zu einer Folge additiv oder synthetisch zusammenschließen und einen äußeren wie inneren Prozeß nachvollziehbar wiedergeben. Dabei sollte primär vom Bild ausgegangen und Text (Begleittext, Insert, wörtliche Rede, innerer Monolog usw.) nur da eingebracht werden, wo er für die erzählerische Aussage unverzichtbar ist.

III Dramaturgie. Eine Bildgeschichte wird erzählt

Erzählmöglichkeiten

Erzählmethoden

Unter ›Dramaturgie‹ wird die Verfertigung und Aufführung eines Dramas verstanden sowie (nach Lessing) die Wissenschaft von der Kunst des Dramas, seinem Wesen, seinen inneren Gesetzen und Aufbaumitteln im Hinblick auf praktische Bühnenwirksamkeit. Eingedenk der Nähe von Theater und Bildgeschichte scheint der Begriff hier nicht unangemessen. Gemeint ist der innere Aufbau der Bildgeschichte, die Erzählmethode. Die narrative Funktion der Bildzeichen ist dem Erzählganzen zu- und untergeordnet, wie auch die Bildfolge. In seiner Untersuchung zur »Wiener Genesis« spricht F. Wickhoff (zit. nach: F. W.: Schriften. Bd. 3. Berlin 1912) von drei Erzählweisen der bildenden Kunst: die komplettierende Darstellung (ein Handlungsprozeß wird geschildert, ohne daß die Figuren sich wiederholen müssen; der Betrachter muß die Geschichte entwickeln; Abb. 20, Bild 2, ist ein Beispiel); die distinguierende Darstellung (einzelne, ausgezeichnete Szenen werden aneinandergereiht); die kontinuierende Darstellung (ein kontinuierlich fortlaufender Handlungsfluß). Die beiden letzten korrespondieren mit unseren Begriffen der weiten beziehungsweise der engen Bildfolge. Nun bestimmt die Bildfolge in hohem Maße die Dramaturgie, doch sie ist nicht mit ihr identisch. Weite wie enge Bildfolge ermöglichen unterschiedliche Erzählweisen. Bildelemente (die Darstellung des Akteurs wie der anderen Bildzeichen, einschließlich Stil und Farbgebung), Text (Begleittext, Dialog, Insert, Lautmalerei) und Bildfolge sind das Material, den Inhalt entsprechend einer gewählten Dramaturgie in Szene zu setzen. Auch Größe und Form der Einzelbilder, ihre Anordnung auf der Seite (wobei nicht selten Pfeile oder Textverweise die Leserichtung angeben) können narrative Akzente setzen, Ruhe und Dynamik, Zwischenschritte und Schlüsselszenen markieren.

›Dramaturgie‹ meint hier zum Beispiel die Entscheidung, eine Geschichte linear chronologisch, von Anfang bis Ende zu erzählen. Kurze Funny-Geschichten steuern dabei auf die erst zum Schluß offenbarte Pointe zu, längere Geschichten eilen von Höhepunkt zu Höhepunkt bis zur Auflösung der Spannung (oder dem offen gehaltenen Schluß), wobei oft sogenannte Cliff hanger das Leseinteresse steigern. Gemeint ist eine gefährliche Szene im Abschlußpanel einer Fortsetzungsgeschichte oder im letzten Bild der Seite (vor dem Umblättern): der Held hängt, zum Beispiel, an einer Klippe, unter ihm die brodelnde See, über ihm der Feind – wird er sich retten können??? Eine lineare Geschichte kann aber auch durchbrochen werden: durch Rückblenden oder durch Parallelhandlungen, sie kann in eine Rahmenhandlung eingebettet sein. Auch die Erzählebene kann wechseln: zur (fiktiven) Real-Ebene der Geschichte tritt die Erinnerung eines Akteurs, ein Traum, eine Vision, eine Geschichte in der Geschichte (z.B. als Fries an einer Wand). Oft werden andere Erzählebenen durch einen veränderten (z.B. wolkigen) Panelrand sichtbar gemacht.

Der Erzähler

Damit ist der Erzähler der Geschichte angesprochen. In den meisten Fällen haben wir es mit einer ›objektiv-unmittelbaren‹ Erzählung zu tun, die aus überschauender Distanz berichtet. Die Geschichte (oder Teile der Geschichte) können aber auch einem Ich-Erzähler übertragen werden. So wird zum Beispiel die Robin-Hood-Geschichte (Abb. 2) von Alan-A-Dale, dem Spielmann (einem Hahn), erzählt, der zu Beginn in einem Rundbild vorgestellt wird und die Geschichte einleitet (Sprechblase). Im Verlauf der Bildfolge tritt er immer wieder einmal auf, wendet sich direkt an den Leser und kommentiert beziehungsweise erweitert das Gezeigte. In der Text-Literatur kennen wir den ›auktorialen‹ Erzähler, der überschauend kommentiert, in die Erzählung eingreifen kann, ihren Ablauf ordnet. Auch in der Bildgeschichte ist dieser auktoriale Erzähler vielfach spürbar. Schon in der zeichnerischen Darstellung der Akteure, der positiven oder negativen Typisierung, bringt er sich ein, suggeriert dem Betrachter seine Meinung. Ähnlich ist es mit der Perspektive. Angelehnt an filmische Mittel, kann die Szene in weiter Distanz überblickhaft, in Totalschau gezeigt werden, sie kann die Akteure nah zeigen und damit die unmittelbare Beteiligung des Betrachters erhöhen, sie kann Details zeigen und damit auf Wichtiges verweisen (z.B. auf eine verborgene Waffe), sie kann durch die Nahsicht anderes verbergen und damit die Spannung erhöhen (wir sehen die Hand mit der Waffe, wissen aber nicht, zu wem die Hand gehört). Der Blick ins Geschehen kann der subjektiven Sicht eines Akteurs folgen (z.b. sehen wir wie er durch ein Fernrohr), kann damit den Leser auf den gleichen Wissensstand wie ihn versetzen. Der Leser kann aber auch mehr oder weniger als der Akteur (und damit der Erzähler) mitbekommen, was wiederum der Spannung dienen kann. (Meisterlich beherrscht Hergé [eigtl. Georges Remi], der Vater von *Tim und Struppi*, solche Möglichkeiten, besonders anschaulich in den beiden zusammenhängenden Alben *Das Geheimnis der »Einhorn«* und *Der Schatz Rackhams des Roten*, Reinbek: Carlsen.) Auch die schon erwähnte Sicht von oben oder unten in ein Bild (Vogel- bzw. Froschperspektive) ist dramaturgisches Mittel, ist nicht nur subjektive Sicht, sondern vielfach auch psychologischer Kniff, Über- oder Unterlegenheit fühlen zu lassen. Mit grafischen Spielen (z.B. ein leeres oder ein völlig schwarzes Panel; die Vermischung von grafischem Zeichen und real gemeintem Objekt, wenn z.B. die Linie des Panelrandes durch eine Lanze durchbrochen wird; die Vermischung von grafischer Darstellung und Handlungsort, wenn z.B. ein Akteur von einem Kästchen ins andere, von einer Bildreihe in die untere oder obere klettert...) bringt sich der Zeichner unmittelbar ein. Tabary, der Zeichner der Serie *Isnogud* (Delta, Stuttgart), tritt zuweilen selbst in seinen Geschichten auf, streitet mit dem Großwesir, greift mittels Radiergummi oder neuer Federstriche verändernd ins Geschehen ein. (In einem Fall läßt er den Texter der Geschichte, Goscinny, in orientalischer Verkleidung, aber physiognomischer Ähnlichkeit wütend mit gespitztem Pfahl in die Szene stürmen; Bd. 5: *Isnoguds Sternstunden*, S. 46.)

Vielfältige Mittel und Methoden – bestimmt durch das Erzählinteresse

Die Wahl der Dramaturgie und der spezifischen erzählerischen Mittel hängt vom Stoff, vom Charakter der Geschichte, von der Intention des Autors (Texter/Zeichner) ab. Die heutigen, oft umfangreichen Comic-Alben, die neben Endlosserien ebenso Kurzgeschichten, abgeschlossene Epen und umfangreiche Romane bieten, verbinden für ihre Erzählweisen, für eine optimale Vermittlung und Verständlichkeit vielfältige Möglichkeiten der Bildgeschichte. So finden sich enge wie weite Bildfolge, Streifenfolge wie Seitenkomposition, Simultanbild, Phasenbewegung, Ganzseitenbild oft in einem Album. Komplizierte Erzählweisen, die in der Textliteratur für jüngere und ungeübte Leser oft zu verwirrend sind, bilden dank der Anschaulichkeit der Bildgeschichte selten ein Rezeptionsproblem, sorgen vielmehr durch Abwechslung, neue Sichtweisen, Dynamik für eine Steigerung des Lesegenusses.

Beispiele unterschiedlicher Erzählweisen

Die folgenden Beispiele sollen nicht analysiert und interpretiert werden; das bleibt dem Leser überlassen. Sie dienen dazu, einen anschaulicheren Einblick, als ihn das Wort leisten kann, in die inhaltliche und erzählerische Vielfalt der Bildgeschichte zu geben.

Ein Schattenspiel mit differenzierten Streifen

Abbildung 23 ist ein Münchener Bilderbogen, von Kaspar Braun (1807–1877), einem ihrer Mitbegründer, geschaffen. Die Scherenschnittgeschichte – dem in der Goethezeit verbreiteten Silhouettenbildnis und dem Schattenspiel verbunden – erfreute sich großer Beliebtheit, war doch im harten Schwarz-Weiß-Kontrast die Phantasie des Betrachters besonders gefordert. Die graziösen Rokoko-Figuren entsprechen in ihrer pantomimenhaften Bewegtheit ganz dem turbulenten Geschehen. Die Erzählweise ist hier interessant. Die Geschichte wird linear chronologisch erzählt, doch sie nutzt in der Bildfolge die Möglichkeit des Bilderbogens auf eigene Weise. Die erste Reihe leitet mit vier einzelnen Szenen, von links nach rechts zu lesen, ins Geschehen ein. Unser Hauptakteur erhält einen Brief (im Verlauf als Einladung zu deuten) und läßt sich daraufhin rasieren, frisieren und pudern. Die nächsten beiden Reihen sind jeweils als einheitliche Raum- und Handlungsbilder zu lesen. Reihe zwei zeigt, wie drei vornehme junge Herren von links eintreten, von der anderen Seite kommen ein weiterer Herr sowie zwei hübsche Damen. Die drei Figuren links (Details zeigen, daß es verschiedene Personen sind, unter ihnen – links – der Herr aus dem ersten Streifen) demonstrieren in ihrer unterschiedlichen Körperhaltung eine getreue Phasenbewegung. (Pieter Bruegel benutzt diese Bewegungsdarstellung in seinem Bild *Gleichnis von den Blinden*, 1568, in dem wir anhand der Posen der einzelnen Blinden genau den Verlauf der Sturzbewegung nachvollziehen können, den der erste bereits erlitten, die folgenden nachvollziehen werden.) Auch der nächste Streifen ist nicht als Folge, sondern als eine Szene zu sehen. Symmetrisch aufgebaut, zeigt sie das Problem dieses Gastmahls: vier Herren und nur

Abb. 23

zwei Damen. Unser ›Held‹, der sich sicher anderes erträumt hat,
muß beim Plaudern und Anstoßen mit einem Herrn vorliebneh-
men. Die nächste Reihe ist eine Aufzählung: Hintereinander in
Reihe marschieren die Bediensteten ein. Sie tragen die Speisenfolge
des Gastmahls und lassen so den Betrachter zumindest visuell an
den Köstlichkeiten teilhaben. Die letzte Reihe ist wieder eine Szenenfolge. Sie erzählt, wie sich unser ›Held‹, da ihm das erwartete

amouröse Abenteuer versagt blieb, ersatzweise gütlich tat und weiterhin tun will. Eine Weinflasche hat er eingesteckt, den Lakaien mit einem guten Trinkgeld beschwichtigend. Doch hat er wohl bereits zuviel getrunken: ihm wird schlecht, der Arzt kommt und verabreicht ihm eine sicher bittere Arznei, von der der Unglückliche drei Flaschen leeren muß.

Parodie

Der ironisch-witzige Ton der Geschichte findet sich auch im nächsten Beispiel (Abb. 24), einer Seite aus dem Album *Der Kopfgeldjäger* (Stuttgart: Delta) aus der Comic-Serie *Lucky Luke* von Morris (Bild) und Goscinny (Text). Der Cartoon-Stil signalisiert, daß das Erzählte nicht so ernst zu nehmen ist, daß wir keinen pathetischernsten, sondern einen lustigen Western zu erwarten haben. Zudem ermöglicht der Zeichenstil eine karikierend-exponierende Typisierung der Akteure. Die Episode dient dazu, anschaulich den Kopfgeldjäger zu charakterisieren, visualisiert ihn als ›knallharten‹ Bösewicht (Panel 2), um dann in der Reaktion des Saloon-Publikums seine Unbeliebtheit, seine eigentliche Lächerlichkeit vorzuführen. Szenerie und Personal sind dem Leser vertraut: Er kennt sie aus zahlreichen Westernfilmen, -romanen und -comics; der Kopfgeldjäger erinnert physiognomisch an Lee van Cleef, der in vielen Western-Filmen die Rolle des Bösewichts verkörpert. Die witzige Geschichte erhält so für den Kenner des Genres parodistische Züge. Ein bewußtes Spiel mit dem Klischee, das sich bis in Gesten, Redewendungen, Details fortsetzt. Natürlich ist die Geschichte sowohl als Decouvrierung des Western-Klischees wie auch allgemeiner des US-amerikanischen Mythos zu verstehen, als auch als ›nur‹ unterhaltend spaßige Cowboy-Geschichte ohne besonderen Anspruch.

Satire

Abbildung 25, ein Comic strip (Frankfurt a.M.: Krüger) aus der Feder des Argentiniers Quino (eigtl. Joaquim Lavadol), trägt dagegen wesensmäßig satirisch-kritische Züge. Die kleine Mafalda sitzt sorgenvoll am Bett der kranken Welt, das heißt eines Globus, für Mafalda ›die Welt‹. Ihr Vater, auf dem Weg zur Arbeit, geht auf ihr Spiel ein, amüsiert sich – wie der erwachsene Leser – über die Nai-

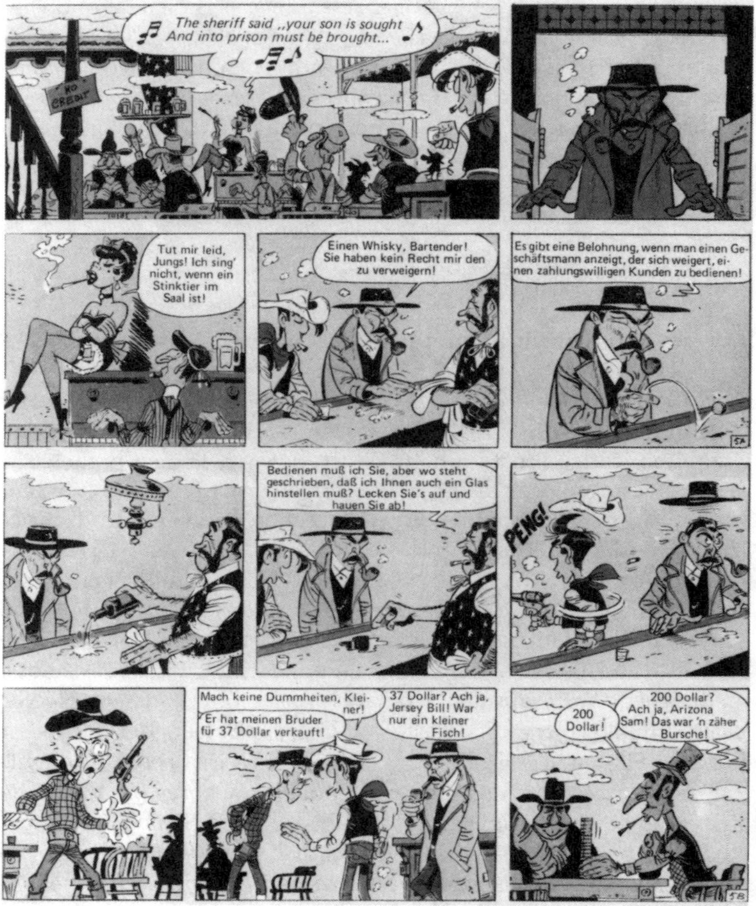

Abb. 24

Abb. 25

vität des Kindes. Dann sieht er den kleinen zerlumpten, ausgemergelten Zeitungsjungen an der Ecke – und das Lachen bleibt ihm im Halse stecken. Während das Bild des Streichholzhändlers von Otto Dix (1926, Kunsthalle Mannheim) dessen Situation und damit die Gesellschaft, die solche Not gebiert, eindringlich thematisiert, Aufforderung an den Betrachter ist, sich mit der Problematik auseinanderzusetzen, dient der Zeitungsjunge hier nur als exemplarischer Auslöser für die Erkenntnis: Mafalda hat ja recht, die Welt ist krank! Das Spiel ist mehr als Spiel, ist symbolisch zu verstehen. Das Lachen des Lesers wird zum erkennenden bitteren Lachen, resignativ, wie das letzte Panel andeutet. Mafaldas Spiel, der humorvolle Kinderwitz, erweist sich als kritisch reflektierende Satire.

Quinos Strip steht in der Tradition der satirisch-kritischen Comics Lateinamerikas, die die populäre Form benutzen, um sozialkritisch, politisch zu wirken, aufzuklären, zu provozieren, nachdenken zu lassen. Die »Arpilleras«, applizierte, gestickte Bildgeschichten von Frauen, thematisieren anklagend deren Rolle in einer gewaltbestimmten Gesellschaft; Comic-Werkstätten beliefern Stadtteilzeitungen und kreieren eine kritisch-fordernde Kunst ›von unten‹. Seit 1961 arbeitet Quino als engagierter Cartoonist; und die Unmittelbarkeit des ›Krankseins‹ der Welt prägt viele seiner Comic strips. *Mafalda* wendet sich an Erwachsene; in der Maske des Kindes wird uns (und die implizite Anklage und Kritik trifft die ganze westliche Welt) der Spiegel vorgehalten und die Wahrheit gesagt. Der Streifen verwendet das klassische Spiel der Satire: Er entlarvt durch Verlarvung. Erst der Prozeß, der Schritt von Bild zu Bild, deckt auf und läßt den sensiblen Leser Betroffenheit spüren.

Traumgeschichte

Der Junge in Abbildung 26 ist dagegen ganz Kind, und das Album von Hermann (Huppen) wendet sich auch an diese Zielgruppe. Unser Bildbeispiel will seine Erzählmethode illustrieren. *Die Träume des kleinen Robin* (Reinbek: Carlsen) sind eine Hommage an Winsor McCays Klassiker *Little Nemo*. Wie dort werden Traumgeschichten erzählt, wenngleich bei Huppen weniger anspruchsvoll, weniger differenziert und in der Erzählung auch direkter. Die Verbindungsstellen von Realebene und Traumebene sind in der Geschichte wichtig. Hier sehen wir (links) die Ausgangssituation für die Episode »Kapitän Bangs Zoo«. Kurz vor dem Einschlafen spielt Robin (der sich nach einem Tier-Freund sehnt, diesen Wunsch aber von den Eltern abgelehnt bekommt) mit seinen Spielzeugtieren, die

Abb. 26 a

er in kleine Käfige gesteckt hat. Im letzten Panel der Seite finden wir die Nahtstelle zwischen beiden Erzähllebenen. Die nah herangerückten Gitterstäbe des kleinen Käfigs wellen sich, zittern, werden unscharf, um dann – nach dem Umblättern! – im ersten Panel der nächsten Seite (Abb. 26b) wieder klar und fest zu werden. Aber der Betrachterstandpunkt hat sich verändert: Jetzt ist Robin im Käfig (der Betrachter, der ihm über die Schulter sieht, ebenso). Das nächste Panel – der Betrachter befindet sich nun nach plötzlichem Ortswechsel vor dem Käfig – charakterisiert die neue Situation deutlich, und im Überschaubild darunter sehen wir: Robin ist als eigene Spezies wie diverse Tiere in benachbarten Käfigen in einem Zoo ausgestellt. Durch den Wechsel der Perspektive erlebt der Betrachter nahes Mit-Betroffensein wie distanziertes, überschauendes Beurteilen. Wertung, Parteinahme ist nahegelegt; wir verfolgen mit innerlichem Beifall, wie sich in der Traumgeschichte durch wunderbare Kräfte Robin und die Tiere befreien können, und es ist unschwer nachzuvollziehen, daß Robin, aus dem Schlaf erwacht, auf-

Abb. 26b

steht und die Käfige seiner Spielfiguren (die natürlich den lebenden im Traum entsprechen) aufbricht und zerstört.

Aktualisiertes Märchen

Auch das nächste Beispiel (Abb. 27) wendet sich an Kinder. Es entstammt einem Sammelband (*Eine Stadt geht über Land*, Weinheim: Beltz & Gelberg 1980), in dem neben Textgeschichten auch Bildgeschichten unterschiedlichster Art geboten werden. Abbildung 27 ist das vierte Blatt einer Geschichte von Franz Ruprecht (als Bilderbuchautor bekannt), die das *Märchen von einem, der auszog, das Fürchten zu lernen*, neu erzählt. Während das oben gezeigte Beispiel von Jan Ranheimsaeter (Abb. 21) den Stoff nah der Grimmschen Fassung erzählt und nur durch Zeichenstil und ironische Zitate aktualisiert, zeigt Ruprecht den Bezug zu unserer Zeit und Wirklichkeit inhaltlich. Auch diesen Jungen kann nichts erschüttern: weder Auto- noch Drogentote, nicht verseuchte Flüsse, Kriminalität oder

Abb. 27

die mechanische Gleichpressung der Menschen. Unsere Abbildung zeigt in weiter Bildfolge Horrorbilder des Krieges, illustrativ-prägnante Einzelmomente, die sich zu einem Schreckensszenarium der Zerstörung addieren. Freilich – die Bilder wirken durch ihre ästhetisierte Darbietung, durch die klare Farbgebung wenig grauenvoll – den unbekümmerten Kommentar des Knaben in der Bildmitte meinen wir mitvollziehen zu können. Doch betrachtet man das Blatt genauer, so erkennt man, daß die einzelnen Panelumrahmungen zwar Motive trennen, nicht aber die gesamtgrafische Einheit aufheben. Die in den Minusbereich sackende Statistikkurve des ersten Bildes wird in ihrem Verlauf als Hügelkontur weitergezogen; der Stamm des abgestorbenen Baumes im vierten Bild ist in das darunterliegende verlängert, die Grundfarbe des Mittelbildes (der Ort des Jungen) setzt sich im achten, darunterliegenden Bild fort. Die Verweise verdeutlichen, wie brüchig die scheinbare Sicherheit des Jungen, wie auch er in das Geschehen eingebunden ist. Wenn im letzten – ganzseitigen – Bild der Junge das Gruseln vor dem Netz einer

Kreuzspinne lernt, so ist dieser Schluß auch für junge Leser nur als sarkastisch zu empfinden; das Lachen ist schal.

›Schnitt-Folge‹ und stimmungsvolle Erzählung

Die folgenden Abbildungen sind dem zweibändigen Comic-Roman *Auf der Suche nach Peter Pan* von Cosey (eigtl. Bernard Cosandey) entnommen (Reinbek: Carlsen 1987). Sie dienen hier als Beispiel für eine filmisch-orientierte ›Schnitt‹-Technik. Rad und Pferdebeine im oberen keilförmigen Panel (Abb. 28a) gehören, wie der Leser vorab erfahren hat, zu einer Postkutsche, die in den unwirtlichen Walliser Bergen zu einem hochgelegenen Dorf unterwegs ist. Das Rundbild zeigt einen älteren Mann; der Schatten der breiten Hutkrempe läßt ihn geheimnisvoll erscheinen. Nah wird er uns vor Augen geführt, also offensichtlich erzählerisch bedeutsam; und die nun entfernte, fast punktartige Kutsche scheint von seinem Beobachtungspunkt aus gesehen. Der Schattenriß zeigt ihn kauernd zwischen Bäumen. Und wieder ein Sprung, gleich dem motivischen im Panel. Von unten sehen wir, wie der Mann, der einen Rucksack trägt, offenbar eilig die Felsen herunterturnt. Das nächste Bild führt uns auf eine Straße; wir blicken in das schwarze Loch eines Tunnels, erkennen – klein – eine Gestalt (den Mann) oberhalb des durchstoßenen Felsens in unsere Richtung rennen. Im folgenden Panel befinden wir uns im Tunnel, mehr zu erahnen, wohl jetzt aber zum eben noch von außen erblickten Tunnelausgang schauend. Staubwolken um die Kutschenräder zeigen Schnelligkeit, Bewegung an; die teilweise sichtbare Öffnung gibt den Silhouettenkopf eines der ziehenden Pferde wieder. Isoliert, ohne die Information über den Kontext, wäre die Bildinformation (Kutsche im Tunnel, rollt dem Ausgang zu) nur schwer zu entschlüsseln. Wir müssen umblättern. Das erste Panel (Abb. 28b) ist hochformatig, betont so die gezeigte Aktion. Wir befinden uns wieder vor dem Tunnel, diesmal recht dicht vor seinem Ausgang. Die Kutsche kommt gerade heraus; der Alte – rechtzeitig angekommen – springt von oben auf den Kutschwagen. Rechts daneben zwei untereinander angelegte Panels, in gleicher Gesamthöhe wie das erste. Oben, detailnah wie von einem Teleobjektiv herangeholt, duckt sich der Alte; der Kutscher schaut starr, unbeweglich nach vorne. Hat er nichts gemerkt? Will er nichts merken? Unten befinden wir uns plötzlich wieder im Tunnel, nahe dem Ausgang, schauen der davoneilenden Kutsche nach. Bis dahin wurde ohne Worte erzählt, der Leser als heimlicher Zuschauer in ein noch unbestimmbares Geschehen eingeführt.

Abb. 28a

Das nächste Bild ist ein weiter Blick in die Landschaft. Die beiden
eben benannten Panels wirken wie eingesetzt, überdeckend, was
den Eindruck der Weite des seitenbreiten Panels noch verstärkt. Ein
kleiner Überleitungstext bestimmt den Ort im Verhältnis zum bis-
her gezeigten: »Etwas höher...« Hier, etwas höher, liegt Schnee. Nun
wird zeitlich parallel erzählt. Im Bildmittelgrund erkennen wir
einen jüngeren Mann, signifikant mit Mütze und karierter Jacke bekleidet, gerade im Begriff, eine schneebedeckte Holzbrücke zu über-
queren. Ebenfalls wie aufgesetzt wirkend im unteren Bilddrittel
eine Panelreihe. Die ersten beiden Bilder sind durch eine Denkblase
verbunden. Der junge Mann, den wir jetzt nah vor uns sehen, hat
wohl inzwischen die Brücke überschritten, ist in die Hocke gegangen, um am Boden etwas näher zu betrachten. Das zweite Panel
zeigt uns, was er im Blick hat: Krokusse. Der Text der Blase bestimmt
die Blumen und gibt damit zugleich einen Hinweis auf die Jahreszeit: nach der Schneeschmelze. Das nächste Bild der Reihe bringt

Abb. 28 b

wie mit einem Zoomobjektiv den Kopf des Mannes noch näher zum Betrachter, der jetzt seinen erstaunt wirkenden, leicht nach oben gerichteten Blick sehen kann. Eine Sprechblase, deren Dorn zum Panelrand weist, den Sprechenden also nicht zeigt, begründet die Reaktion. Das letzte Panel zeigt – aus der Perspektive des hockenden Mannes – den Sprecher: ein Polizist, der in Begleitung eines Kollegen auf den Wanderer und – wie die Sprechblase, die zudem die Jahreszeit präzisiert, anzeigt – Fremden sicherlich zufällig gestoßen ist. Der auffällig häufige Wechsel der Perspektive dynamisiert, dramatisiert das Geschehen, in Kontrast zur stillen Weite der Bergwelt. Die unaufdringliche, fast blasse Farbgebung verbindet sich mit dem Naturmotiv zu einer poetisch-zarten Aussage. Der Bildroman des Westschweizers Cosey ist eine liebevolle Hommage an das Wallis; er nutzt eine spannende Geschichte, nicht nur die landschaftliche Schönheit dieser Gegend, sondern auch ihre sozialen Probleme (der Roman spielt kurz vor 1930) zu zeigen.

Abbildung 29 führt uns nach Spanien. Die fünf Panels, auf einer DIN-A4-Seite komponiert, zeigen Gewalt, Schießen, Sterben. Der Betrachter folgt dem Geschehen aus der Blickrichtung der Angreifer, die ein Haus stürmen; das bindet ihn an diese Gruppe, läßt ihn mit ihr verschmelzen. Für sich genommen eine brutale, abstoßende Seite. Aber gerade diese Wirkung wollen Pierre Christin (Text) und Enki Bilal (Bild) erreichen. Nicht diese isolierte Seite, sondern nur der Kontext, die ganze Geschichte läßt den Stellenwert der Aktion, läßt die Bewertung der Gewalt erkennen. Die Seite ist die viertletzte aus dem (abgeschlossenen) Album *Der Schlaf der Vernunft* (Reinbek: Carlsen 1986). Der von Goya entliehene Titel (*Der Schlaf der Vernunft gebiert Ungeheuer*) ist Programm. Erzählt wird von Überlebenden des spanischen Bürgerkrieges. Der Leser begleitet eine Gruppe ehemaliger Angehöriger der Internationalen Brigaden, die einst gegen die Falange kämpften. Jetzt finden sie sich wieder zusammen, um

Abb. 29

erneut gegen die Gegner von damals vorzugehen. Der Comic-Roman, der sich an ein erwachsenes Publikum wendet, zeigt die Sinnlosigkeit von Gewalt, ist eine bedrückende, provozierende Anklage. Die Problematik, die Faszination der Darstellung von Gewalt in einer aktionsbetonten Geschichte (wie das ebenso für Film und Textliteratur gilt), ist nicht ausgeräumt, aber durch die deutlich erkennbare Intention der Autoren thematisiert.

Die (verfremdete) Geschichte eines Überlebenden

Nicht minder problematisch ist das nächste Beispiel aus Art Spiegelmans *Maus* (Reinbek: Rowohlt 1989), ein Comic-Roman, der den Versuch wagt, den Holocaust verfremdet zu erzählen, und die Akteure als antropomorphe Tierfiguren – Mäuse die Juden, Katzen die

Abb. 30

Nazis – auftreten läßt. Die obere Hälfte der Panelfolge (Abb. 30) zeigt eine exemplarische Szene, die die Schikanen Juden gegenüber demonstrieren; die untere springt in die heutige Zeit. Sie führt uns in die Wohnung des Ich-Erzählers, demonstriert auf einfühlsam bedrückende Weise seine psychische Situation. Der Ich-Erzähler, ein polnischer Jude, hat den Holocaust überlebt. Die Geschichte ist authentisch. Hinter dem Maus-Erzähler steht der Vater des Autors, ein gebrochener, verbitterter Mann, der dem Sohn (der Autor hat sich auch selbst dargestellt) die Vergangenheit detailliert schildert, gewissermaßen eine therapeutische Aufarbeitung. Spiegelmans Figuren sind nicht die niedlichen Tiere der Kindercomics; in ihnen bleibt stets die gewollte Verfremdung spürbar, die keinesfalls verharmlost, sondern in Zusammenspiel mit der populären Form der Bildgeschichte besonders beeindruckend wirkt. Nur so – spürt man – war es dem Autor wie dem Ich-Erzähler überhaupt möglich, das Unfaßbare darzustellen, ohne falsche Sentimentalität, ohne eine Geschichte wie viele zu erzählen. Das Wechselspiel zwischen heutiger Erzählsituation und erzähltem Geschehen der Vergangenheit – die Bildgeschichte läßt simultan die Parallelität stets vor Augen – postuliert die Notwendigkeit, nicht zu vergessen – um der Zukunft willen.

Zeitgeschichte im Vor- und Rückblick

Durchbruch, herausgegeben von Pierre Christin und Andreas C. Knigge, heißt ein Album, das im April 1990 (Hamburg: Carlsen) erschien. 27 Comic-Künstler und Künstlerinnen, unter anderem aus Frankreich, Großbritannien, Italien, aus Ungarn, Polen, aus der (damaligen) BRD, aus der (damaligen) DDR, kommentieren aus ihrer Sicht den Umbruch in Europa, den Fall der Mauer in Berlin, des ›Eisernen Vorhangs‹ in Europa. Unsere Abbildungen (S. 22 – 25 im Album) geben eine Kurzgeschichte des Jugoslawen Bane Kerac (geb. 1952) wieder, der durch seine Comic-Reihen *Cat Clown* und *Kobra* bekannt wurde.

Die erste Seite (Abb. 31a) führt den Leser (vom Zeitpunkt der Produktion des Albums wie des Erscheinens ein Blick in die Zukunft) in das Jahr 1991. Mosaikartig baut sich die Geschichte auf. Wir sehen, wie drei Männer (offenbar Kriminalpolizisten) in einem Zimmer stehen und auf einen Mann schauen, der in Unterkleidung in Bauchlage auf einem Bett liegt. Detailbilder wie die Aussage einer Frau geben Anhaltspunkte. Offensichtlich ein Selbstmord. Ein Tagebuch wird gefunden – und jetzt folgt die Geschichte in zeitlicher

Rückblende diesem Tagebuch. Eine Episode aus dem Jahr 1969. Eine Gruppe Menschen nähert sich in einer Winternacht einem Stacheldrahtzaun. Uniformierte mit Waffen und einem Hund erscheinen, Schüsse knallen, ein Mensch liegt im Schnee – im letzten Panel ein Mann, der sich eine Zigarette anzündet. Die nächste Seite zeigt eine andere Episode. 1976: Ein Mann mit Rucksack wird in einem Kanalisationssystem von einem anderen gestellt, offensichtlich (die Lautmalerei im letzten Panel signalisiert es) erschossen. Wieder dieses Gesicht mit den stechenden Augen, die Zigarette zwischen schmalen Lippen. Der Leser hat verstanden. Erzählt wird die Geschichte eines Stasi-Manns; Episoden seines Tagebuchs – von einem objektiven Erzähler vorgestellt – schildern exemplarische Aktionen von 1969 bis 1982, in denen er die Flucht von Menschen aus der DDR vereitelte. Auf Abbildung 31d wird seine Profildarstellung aus dem Jahr 1982 in einem Panel darunter (1989) wiederholt. Verändert hat sich die Farbe, ist jetzt blaß, grün-bläulich; verändert hat sich der Kontext: Eine Menschenmenge demonstriert mit Transparenten mehrsprachig für Demokratie, den Fall der Mauer, die Einheit von Ost und West. Das letzte Panel zeigt eine Kneipenszene, die uns wieder an den Anfang der Geschichte denken läßt. Der Blick in die Vergangenheit dient dazu, aufzuzeigen, was den Mann des ersten Panels in diese Situation gebracht hat, versucht zu veranschaulichen, warum er keinen Ausweg mehr sah und sich selbst umbrachte. Eine außerordentlich komplexe Geschichte, hinter der mehr als das äußere Geschehen sichtbar wird, die mehrschichtig Denkprovokationen bietet. Die Comic-Geschichte zeigt – sie erklärt nicht, sie kommentiert nicht. Der Leser/Betrachter muß sich interpretierend einbringen.

Abb. 31a

Hinweise zum Umgang mit der Dramaturgie der Bildgeschichte

Zielsetzung ist, die dramaturgischen Möglichkeiten der Bildge-schichte anhand der Analyse konkreter exemplarischer Beispiele wie eigener Versuche zu erkunden.

Für die Analyse bietet es sich an, den Handlungsstrang mittels einer Linie zu veranschaulichen. Diese durchgezogene Linie mar-kiert die linear-chronologische Erzählung. Rahmenhandlung, Par-allelhandlungen, verzweigte Handlungen (Handlungsstränge, die auseinander-, parallel und wieder zusammenlaufen) wie eventuell Wechsel der Erzählebene (Traum, Erinnerung, Tagebuch u.a.) kön-nen signifikant im Schaubild deutlich gemacht werden (Wellen-linien, gestrichelte oder unterschiedlich farbige Linien, Verlauf der Linien, Unterbrechungen usw.). Illustrativ werden prägnante

Abb. 31 b

Panels (z. B. Anfang, Höhe- und Wendepunkte, Ende), die das Geschehen tragenden Akteure oder wichtige Dinge aus der Comic-Geschichte entnommen (fotokopiert, durchgepaust oder einfach notierte Nummern gemäß der Seiten-/Panelzählung) und an entsprechender Stelle in das Schaubild eingeklebt. So wird auch verdeutlicht, wie Humor (Zeichenstil, Tücke des Objekts, Schadenfreude, Sprachspiel, Parodie, Überraschungspointe usw.) oder Spannung (Cliff hanger, Stimmung und Atmosphäre, informierter Rezipient/uninformierter Akteur oder umgekehrt usw.) erzähltechnisch erzeugt wird. Hinweise auf den Erzähler (z. B. subjektiver Blick, Ich-Erzähler) werden ebenfalls anhand von ›Zitaten‹ herausgestellt.

Aufschlußreich kann sein, wenn zunächst nur ein Teil der Geschichte vorgelegt wird und die Kinder/Jugendlichen diesen Teil selbst zurück- oder weiterdenken/-entwickeln müssen. Ebenso

Abb. 31 c

könnte die Dramaturgie einer Geschichte verändert werden, eine
Veränderung der Erzählsicht, des Handlungsstrangs. Zum Beispiel
wird aus einer vorwärtsschreitenden Geschichte eine Rückschau,
die das Geschehen vom Schluß zum Anfang rekonstruiert. (Ein interessantes Beispiel findet sich in *Nachbilder. Vom Nutzen und Nach-
teil des Zitierens für die Kunst.* Kat. Hannover: Kunstverein 1979, S.
106 ff.: William Hogarth' Geschichte *The Rake's Progress*, 1733, wird
von David Hockney, 1963, inhaltlich und ästhetisch aktualisiert
nacherzählt, von Alfred Hrdlicka, 1970, in einer Umkehr der Zeitfolge: Hrdlicka erzählt in Rückschau von der Szene im Irrenhaus
[das Ende bei Hogarth] hin zum Antritt der Erbschaft [Anfang bei
Hogarth], was Einschätzung und Rezeptionsprozeß entscheidend
verändert.)

Erkannte dramaturgische Möglichkeiten werden für die Herstellung eigener Bildgeschichten genutzt beziehungsweise erzählange-

Abb. 31d

messene weitere erprobt. Dabei richtet sich das Vorgehen nach dem folgenden, in der Comic-Produktion üblichen Prozeß:

1. Entwickeln einer Idee, eines Handlungsentwurfs (›Plot‹), wobei von einem eigenen wie von einem übernommenen Stoff ausgegangen werden kann.

2. Herstellung eines ›Szenarios‹, eines ›Drehbuches‹, in dem der Handlungsablauf in Bildfolge und Text stichwortartig notiert wird. Hierbei wird die Dramaturgie der Geschichte entwickelt.

3. Verfertigung von Rohzeichnungen (in groben Entwurfszügen, mit Bleistift; ›Scribble‹), die sowohl die Akteure als auch die Szenerie umfassen. Hier soll und kann viel experimentiert, überprüft, revidiert werden.

4. Herstellung der Reinzeichnung (z.B. mit Feder/Pinsel und Tusche); die nötigen Texte (z.B. Sprechblasen) werden – unter Beachtung der formalen Bedingungen des Bildes – gesondert produziert und dann eingeklebt.

5. Die Geschichte wird koloriert.

Soll die Bildgeschichte vervielfältigt werden, so werden für Schritt 4 und 5 verfügbare Drucktechniken (z.B. Linoldruck, Siebdruck) herangezogen. Schwarzweißbilder lassen sich – wie schon erwähnt – problemlos per Fotokopierer reproduzieren. Die Kolorierung übernimmt dann jeder individuell. (Im professionellen Prozeß erfolgt nun die Herstellung von Druckfilmen, bei Farbe z.B. vier gesonderte Filme für Rot, Blau, Gelb und Schwarz, die wiederum zur Herstellung der Druckplatten führen.)

Wesentlich ist, daß schon früh über die Intention und den Charakter der zu entwickelnden Geschichte Klarheit besteht: Ist es eine realistisch-spannende Geschichte, eine slapstickhaft witzige, eine mit kritisch-provozierender, aufklärerischer Intention, eine satirische ...? Die Mittel (Stil, Zeichenrepertoire [Identifizierbarkeit für den gemeinten Leser], Dramaturgie, Bildfolge ...) der Bildgeschichte stehen damit ja unmittelbar in Zusammenhang. Allerdings sollte die Offenheit des Produktionsprozesses, die Chance zu verändern stets erhalten bleiben, kann doch dieser lebendige Prozeß selbst neue Sichtweisen, neue Ideen, neue Wege und neue Ziele produzieren.

IV Die Bildgeschichte im Rezeptionsprozeß

Von Redundanz, Innovation und Leerstellen

Erzählzeit und erzählte Zeit

Anschaulich erläutert Rodolphe Töpffer in seinem *Essai de Physiognomie* (1845) die Vorzüge der Bildgeschichte. Einleitend heißt es:

»Man kann Geschichten schreiben in Kapiteln, Zeilen, Wörtern: das ist Literatur im eigentlichen Sinn. Man kann Geschichten schreiben in Folgen graphisch dargestellter Szenen: das ist Literatur in Bildern.« (Zit. nach: Siegen 1982, S.7)

Das lateinische ›litteratura‹ bezeichnet die ›Buchstabenschrift‹, und gemäß der Auffassung Lessings (*Laokoon oder Über die Grenzen der Malerei und Poesie*, 1766) ist ihr, der in festgelegten Zeichen fixierten Sprache, die Darstellung eines Zeitprozesses, die Erzählung eines Geschehens eigen, während das Bild dem Moment, dem Raum (dem greifbaren in der Plastik, dem illusionären in Malerei und Grafik) verpflichtet ist. Zum Erzählen benötigt ein Erzähler Zeit, die ›Erzählzeit‹; dem Zuhörer ist sie durch den Vortrag vorgegeben, der Leser kann sie – je nachdem, wie schnell oder langsam er liest – subjektiv modifizieren, ist aber an das sukzessive Aneinanderfügen der vom Text vorgegebenen Schriftzeichen (der Worte und der Sätze) gebunden. Die zeitgreifende Reihung der Sprache und Schrift, ihre ›Entschlüsselung‹ und ›Verknüpfung‹, ermöglicht es, nicht nur einen Augenblick zu beschreiben, sondern eine Zeitspanne, das Ablaufen eines Geschehens in der Zeit. Dabei kann die ›erzählte Zeit‹ (der Zeitraum, von dem berichtet wird, über den sich die Handlung erstreckt) kürzer (die Beschreibung eines Momentes beansprucht mehr Zeit, als der Moment lang ist) oder länger (z.B. ein Tag, ein Jahr, ein Jahrhundert) sein als die ›Erzählzeit‹.

Das Bild präsentiert sich nun nicht sukzessive, sondern als Ganzes, bietet sich dem Blick simultan. Es zeigt eine stets gleichbleibende Szene, einen Moment, der gewissermaßen aus der Zeit gerückt ist. Tatsächlich kann ein Betrachter ein komplexes Bild nur sehr ungenau simultan erfassen; er wird bestimmte Punkte fixieren, schärfer betrachten und miteinander verbinden. Hier ist es ihm nicht nur ganz überlassen, wieviel Zeit er dafür investiert, es ist ihm auch freigestellt, welche Punkte er zuerst fixiert und welche er miteinander verbindet. Allerdings gibt es im Bild zumeist inhaltliche (kausale) und formale Aspekte, die einen bestimmten ›Augenweg‹ nahelegen. Aber ein zeitliches Geschehen, eine sichtbare Veränderung, einen ablaufenden Prozeß, zeigt das Bild nicht. Nun redet Töpffer ja auch von Bild-Folgen – und hier werden, analog der Schrift, Einzelelemente (Einzelbilder) aneinandergereiht, die jetzt zeitgreifend sind und dementsprechend einen Zeitablauf darstellen können. Im Film werden sehr viele Einzelbilder aneinandergereiht und so rasch miteinander verbunden, daß sie ineinanderfließen, vom Auge nicht mehr zu trennen sind: Wo sie den Phasenablauf einer Bewegung umfassen, glaubt das Auge tatsächlich Bewegung zu sehen. Wie beim Zuhören ist der Rezipient bei diesem Zuschauen zeitlich abhängig; und ob er verstanden hat, was er hier sieht, oder nicht – in vorgegebener Zeit läuft der Film ab, gewissermaßen ein in die Zeit gelängtes Bild, das – wie ein Text – unterschiedlich erzählte Zeit darstellen kann.

Anders bei der Bildgeschichte. Ihre Einzelbilder sind nach wie vor prägnante Momente, die einen bestimmten Zeitpunkt markieren, aber keinen Zeitablauf. Erst die Verknüpfung der Einzelbilder zeigt einen Zeitprozeß – je nach Art der Bildfolge (siehe oben) relativ eng und fließend oder weit und springend –, der erst vom Betrachter als solcher zu werten ist. Der Betrachter bestimmt seine Rezeptionszeit selbst – noch autonomer als beim Lesen eines Textes, denn jedes Einzelbild lädt ja mehr oder weniger intensiv zum Verweilen ein. Dennoch gibt die Folge die Richtung und entsprechend das in der Zeit verlaufende addierende Erfassen und Verbinden der Einzelbilder/Einzelszenen vor. Der Schritt von Bild zu Bild in kausaler, chronologisch verknüpfter Folge ist zwingend. Keine beliebige Fixierung, kein freigestellter Augenweg – der Weg der Augen ist (wenn man den Inhalt erfassen will) festgelegt. Insofern kann man eher vom Bild-Lesen denn vom Bild-Betrachten reden; von daher legitimiert sich Töpffers Bezeichnung »Bild-Literatur«. (Wobei daran zu erinnern ist, daß frühe Schriften, z.B. die ägyptischen Hieroglyphen, die chinesische Ku-wen oder die Kekiwin der nordamerikanischen Indianer, Bilderschriften sind.) Wir haben oben gesehen, daß auch manche Einzelbilder so zu verstehen sind, wenn die vorausgehenden beziehungsweise nachfolgenden Bilder des gezeigten Einzelbildes zwingend im Kopf des Betrachters ›entstehen‹. Das entspricht dem Lesen als einem kausalen, grammatikalischen Regeln folgenden Entschlüsselungsprozeß. Zwingend in diesem Sinn ist in der Bildgeschichte die Erzähllogik, die alle Einzelelemente erzählerisch funktionalisiert. Dabei wird etwas *gezeigt*, nicht im eigentlichen Sinn erzählt. Es ist der Betrachter (der Rezipient), der das Gezeigte zum Erzählten zusammenbindet. So kann in der Bildfolge auch unterschiedlich erzählte Zeit präsentiert werden, nicht nur in ihrer Länge, auch – vergleichend nebeneinander sichtbar – in ihrer Parallelität. (Ein interessantes Beispiel stellt Wolfgang Kemp mit Augustus Leopold Eggs [1816–1863] Dreibild-Geschichte *Past and Present* vor, zwei gleichzeitige Szenen und eine Rückblende; vgl. Kemp 1989, S. 79 ff.)

Wort und Bild

Wie das gehörte und gelesene Wort zum Bild drängt (›Wir machen uns davon ein Bild‹), wie die Sprache selbst mit Sprach-Bildern zu veranschaulichen sucht, so drängt umgekehrt auch das Bild zum Wort. Wir ›verworten‹ gewissermaßen Gesehenes, um uns seiner zu versichern. (Daher sicher der Drang, auch ungegenständliche Bilder mit etwas zu verbinden, von dem wir einen Begriff haben.) Freilich, diese ›Verwortung‹ – auch eine detaillierte Beschreibung – ist mit dem im Bild Gezeigten nie deckungsgleich; stets bleibt ein offener, meist gefühlsmäßiger Rest, der bei der Bildgeschichte aber auch erzählerisch bedeutsam wirkt (vgl. den überschauenden Beitrag von Rolf Niehoff: Bild und Sprache. In: Kunst + Unterricht, 1989, Nr. 136). Noch einmal sei aus dem eingangs erwähnten Essay von Töpfer zitiert:

»Die Literatur in Bildern hat Vorteile eigener Art: durch den Reichtum an Details erlaubt sie eine außerordentliche Prägnanz.«

Man mache sich nur bewußt, was simultan in einem Bild gezeigt wird: nicht nur der Akteur, sondern auch sein genaues Aussehen, sein Platz im Raum, die Beschaffenheit des Handlungsortes (der ›Bühne‹), Angaben über die Zeit (Tageszeit, Jahreszeit), Verweise auf Stimmung und Atmosphäre usw. Wozu ein Text viele Worte, viel Platz und entsprechende Lesezeit benötigt, das wird hier – zumeist recht schnell erfaßbar – auf engem Raum vorgestellt. ›Verwortet‹, das heißt begrifflich festgemacht, wird jetzt das, was für den Fortgang der Handlung als bedeutend erfaßt wird. (Dabei kann manches übersehen werden; Hergé z.B. spielt damit, scheinbar unwichtige Details zu zeigen, die leicht übersehen werden, aber später ganz entscheidend sind. Blättern wir zurück und schauen noch einmal genauer, so entdecken wir z.B. die unscheinbare Dose oder den achtlos weggeworfenen Zettel und wissen das Detail erst jetzt erzählerisch funktional einzuschätzen.)

Nun hat die Bildgeschichte zudem den Vorteil, daß sie neben dem anschaulichen Bild auch das Wort (den in Erinnerung gebrachten Stoff im Kopf des Betrachters) beziehungsweise die Schrift in ihre Erzählung einbinden kann. Was das Bild nicht deutlich genug vermittelt, sagt die Schrift. (»[...] das gemeinte Abstraktionsniveau [wird] besser verankert, wenn man es durch eine sprachliche Benennung festlegt.« Rudolf Arnheim: Anschauliches Denken. Köln 1972, S. 225.)

Zum Beispiel bedarf es oft genauer Interpretation, einen exakten Zeitsprung zu erkennen. Eine Uhr, die Veränderung gewachsener Pflanzen, das Altern von Personen usw. sind Anzeichen. Genauer (und schnell erfaßt) ist eine Texteinleitung: ›Eine Woche später‹, ›2.3.1981‹, ›Währenddessen...‹. Die (Alt-)Mexikaner besaßen eine Lautschrift, doch sie wandten sie nur an, um Namen zu bezeichnen. Ansonsten bedienten sie sich der Bilder. Es macht die Qualität einer Bildgeschichte (gleich, welcher Art) aus, wie sie Text (Schrift) benutzt. Sinnvoll, notwendig ist er stets da, wo er erzählerisch unumgänglich beziehungsweise deutlicher als die Bildaussage ist. Zeitangaben und Namensnennung gehören hierzu, aber auch Dialoge (wie Monologe), wenn es darauf ankommt, nicht nur zu erfassen, *daß* hier jemand wütend schimpft oder verliebt säuselt, sondern *was* er konkret inhaltlich sagt. Schlecht allerdings, wenn die Sprechblase nur dazu dient, dem Leser zu erzählen, was eigentlich geschieht, wenn der Comic nur aus dialogisierenden Köpfen besteht, wenn die Handlung nur verständlich ist, wenn der Text gelesen wird. Dann wird die Erzählkraft der Bildgeschichte verschenkt, und es wäre sinnvoller, eine Textgeschichte zu präsentieren. Natürlich gibt es Ausnahmen: Wenn zum Beispiel bei Jules Feiffer oder Claire Bretécher die Spannung zwischen Dialog und dargestellten Personen, womöglich in (sinnbildlich zu verstehender) Unbeweglichkeit und Erstarrung, zum Kern der satirischen Aussage gehört; wenn Dik Browne in Hägar nur eine Folge von Sprechblasen und Lautmalerei in schwarzen Kästchen (Bildzeichen z.B. für tiefschwarze Nacht) zeigt, zu denen der Leser dann im Kopf die entsprechenden Bilder kreieren muß. (Hier wäre auch auf das Mißverständnis hinzuweisen, das unter Phantasie ausschließlich die ›innere Verbilderung‹ von Wortinformation versteht. Abgesehen davon, daß wir im Kopf Bilder nur entstehen lassen können durch die (Neu-)Kombination bereits gespeicherter Bilder, daß oft bestimmte Begriffe im

Gedächtnis gesammelte Bildklischees wecken beziehungsweise oft zwingend festgelegte Bild-Stereotypen verlangen, fördert die Bildgeschichte eine andere Art der Phantasie: Gezeigtes zu ›verlebendigen‹, mit- und weiterzudenken. Zudem wird unser Phantasie-Repertoire, aus dem wir bei der Schaffung eigener Phantasievorstellungen schöpfen, durch neue Bildangebote und neue Sehweisen angereichert.)

Rezeption von Bild und Bildfolge

Der (Wort-)Text verlangt, daß der Leser die Bedeutung der Zeichen wie der so vermittelten Begriffe kennt, daß er die Einzelzeichen nach einer ihm bekannten und nachvollziehbaren Grammatik verbindet und so in der Lage ist, das Geschriebene zu erfassen sowie – interpretierend – zu verstehen. Das Bild ist zumeist unmittelbarer. Es verwendet Zeichen, die aufgrund einer angenäherten Ähnlichkeit mit dem Gemeinten verständlich sind – jedenfalls dem Betrachter, der in seinem Kopf ein Bild dieses Gemeinten gespeichert hat. Selbst bei oft nur geringer Ähnlichkeit ist er – meist auch durch weitere Kontextinformationen – in der Lage, die Bedeutung des (ikonischen) Zeichens zu entschlüsseln. Andere Zeichen (Verweise, Signale, Symbole) wird er meist (auch aufgrund seiner Lebens- und Medienerfahrung) aus dem Kontext, aus der erzählerischen Funktion erfassen können.

Im Film werden nun die so erfaßbaren Einzelbilder zu einem Ganzen automatisch verschmolzen und dem Zuschauer als Einheit gezeigt. In der Bildgeschichte bleiben sie – in enger wie in weiter Folge – einzelne Bilder, und es bedarf der Aktivität des Lesers, sie zu verbinden und eine inhaltliche Beziehung herzustellen. Die Bildgeschichte verlangt notwendig einen aktiven, kombinierenden Rezipienten. Der Erzählprozeß basiert nun auf dem Verhältnis von Redundanz und Innovation. Redundanz meint dabei die gleichbleibende Wiederholung von Bildzeichen; Innovation einmal ihre Veränderung, zum anderen die Aufnahme neuer Bildzeichen.

Ein beliebtes Spiel ist der Vergleich von ›Original‹ und ›Fälschung‹. Bild A präsentiert eine Landschaft. Bild B zeigt das gleiche Motiv, allerdings sind einige Details verändert, die nun gesucht und gefunden werden sollen. Komplizierter wird es, wenn Bild A eine Szene in einem Hotelzimmer zeigt, Bild B das gleiche Zimmer. Aber jetzt sind nicht versteckt, sondern recht deutlich Veränderungen sichtbar: das Bett ist zerwühlt, ein Schmuckkästchen ist offen, eine Türscheibe ist zerbrochen, die Schnur des Telefons ist herausgerissen, die Blumen in einer Vase sind verschoben. Die Rätselaufgabe besteht nicht allein darin, die Veränderungen zu finden, sondern aus ihnen ein Geschehen abzuleiten. Bild A zeigt das Zimmer zu einem früheren Zeitpunkt als Bild B, wie die vorgerückten Zeiger einer Uhr angeben. Wertvolle Juwelen sind gestohlen. Kann man aufgrund der sichtbaren Veränderung nicht raten, sondern kombinierend schließen, was geschehen ist, wer die Juwelen stahl? (Dieses und andere Kriminalrätsel präsentiert Lawrence Treat in *Detektive auf dem Glatteis! Criminal-Bilderrätsel mit Hintersinn*, Köln 1984.) Das Verfahren der Bildgeschichte, ihre Leseanforderung, ist damit illustriert. Ausgehend von der Prämisse, daß B zeitlich auf A folgt (bei einer Rückschau in weiter Bildfolge ist es umgekehrt), wird ein kausaler Zusammenhang zwischen A und B postuliert. Der Rezipient ist aufgefordert, zu erfassen, was in B – verglichen mit A – gleich geblieben (redundant) und was verändert (innovativ) ist. Die redundanten Elemente (z.B. die gleiche Ortsbestimmung, die gleiche Physiognomie und Kleidung einer Figur) bestätigen die inhaltliche Verbindung beider Bilder; die innovativen provozieren die Frage: Warum hat sich hier etwas verändert?

Großer Beliebtheit erfreuten sich im 18. Jahrhundert galante, amouröse Zweibild-Geschichten nach dem Verfahren Vorher-Nachher. Bild A zeigt ein Paar: Der Herr macht der Dame offensichtlich Avancen, die Dame wehrt sichtlich entrüstet ab. Bild B zeigt beide mit deutlich in Unordnung befindlichen Kleidern und verändertem Ausdruck. Warum hat sich etwas verändert? Das Geschehen zwischen A und B wird nicht gezeigt; der Vergleich beider Bilder, das Erfassen der redundanten und innovativen Informationen, zeigt nur, *daß* etwas geschehen ist. Der Rezipient ist aufgefordert, selbst zu schlußfolgern, die Veränderungen als Indizien zu nehmen, zu kombinieren, phantasievoll (und mit Einbindung eigener und vermittelter Erfahrung) die *Leerstelle* (Iser) zwischen A und B zu füllen. (Anschauliche Beispiele liefert u.a. William Hogarth, z.B. B*efore and After*, etwa 1730, [in Kunzle 1973, S. 303] oder *Before and After* von 1736 [in Kemp 1989, S. 68 f.], wobei zahlreiche weitere Indizien/ Veränderungen inhaltlicher und ästhetischer Art, deutliche Symbole das Füllen der Leerstelle erleichtern.)

In den meisten Bildgeschichten, insbesondere im Comic, ist das kombinierende Erfassen des Ablaufes, also das (eigene) Füllen der Leerstelle zwischen den Bildern, weniger rätselhaft, sondern zumeist offensichtlich. Der zu erschließende Prozeß wird zudem nicht nur durch eine Veränderung, sondern meist durch mehrere, sich gegenseitig unterstützende und bestätigende, getragen. Die Frage:

Warum hat sich etwas verändert? führt zur erzählfunktionalen Bewertung der Elemente, führt die Einzelbilder zusammen und läßt das Geschehen als ›inneren Film‹ im Kopf des Rezipienten ›ablaufen‹. Die durch das Verhältnis von Redundanz und Innovation gekennzeichneten Leerstellen zu füllen ist der dem Rezipienten – neben dem Erfassen des Einzelbildes mit seinen Bild- und Textelementen – abverlangte aktive Anteil, der den Reiz der Bildgeschichte ausmacht und der es dann erlaubt, das erfaßte Geschehen interpretierend zu verstehen.

Leseanforderung. Ein Beispiel

Überblick

Im folgenden soll eine Vier-Bild-Geschichte von Hans Jürgen Press aus *Der kleine Herr Jakob* (Ravensburg: Otto Maier 1981, S. 6) unter der Fragestellung nach ihren Leseanforderungen untersucht werden.

Bis auf die Überschrift (»Expedition ins Schilf«) weist Abbildung 32 keinen Text auf. Der erste Blick auf die Seite zeigt in den gleich großen neben- und untereinander angeordneten Bildern verschiedene redundante Elemente: gleichbleibende Farbe, gleiche Raumaufteilung – Vordergrund: ein grüner, unregelmäßig schwarz konturierter Streifen mit schwarzen Komma-Strichen, offenbar Uferwiese; Mittelgrund: eine blaue Fläche, offenbar Wasser, was durch Spiegelungen und leichte Wellenkräuselung andeutende Striche signalisiert wird; in den oberen Bildern vertikale, fast parallele schwarze Striche auf orange-gelbem Grund mit grünen Blattformen, offensichtlich das von der Überschrift angekündigte Schilf; eine grüne Hügelkette im Hintergrund; in den unteren Bildern ein auffallend aufragender Kugelbaum mit entsprechender Spiegelung im Wasser; ein alle Bilder nach oben schließender graublauer Streifen verweist auf (wolkenlosen) Himmel, ein auffälliges Männchen, schwarz-weiß, mit Ringelhemd, schwarzer kurzer Hose, Homburger-Hut, Knollennase und Schnurrbart; in den beiden oberen und dem Bild unten links sticht eine rote, schwarzgepunktete Ente ins Auge, auf der der kleine Mann sitzt. Der Zeichenstil ist zeichenhaft einfach, das Männchen leicht karikiert (Cartoon-Stil), was eine lustige Geschichte mit Pointe erwarten läßt.

Schon der erste Blick vermischt Denotation und Konnotation; wir erkennen nicht allein Farben und Formen, sondern deuten sie

Abb. 32

sogleich inhaltlich. Die ikonischen Bildzeichen sind zwar ver-einfacht, aber deutlich erkennbar, was durch die flächige, diffe-renzierende Farbgebung (die gegenstandsbezogen ist) und die kla-ren schwarzen Konturen erreicht wird wie durch ihre Vertrautheit. Leser unseres Kulturkreises haben ohne Zweifel ähnliche, als Muster dienende Bildvorstellungen gespeichert, können rasch die blaue Fläche als Wasser, die grünen Flächen als Uferwiese bezie-hungsweise Hügel oder Baumkrone entziffern. Die Kontextbezie-hung bestätigt diese Deutungen, zumal so die umgekehrten Wie-derholungen, zum Beispiel der Hügelformen im Blau als Spiegelung, zu identifizieren sind. Am wenigsten ähnlich ist noch das Schilf; doch hier gibt die Überschrift Verstehenshilfe. (Sabine Jörg weist auf den Einfluß hin, den die Sprache auf die Bildwahr-nehmung nehmen kann. Vgl. S.J.: Der Einfluß sprachlicher Bezeich-nungen auf das Erkennen von Bildern. Bern 1978.) Aufgrund des

Buchtitels ist der kleine Mann kein Anonymus, sondern der kleine
Herr Jakob.

Einzelbilder – Bildfolge

Gewohnt, von links nach rechts, von oben nach unten zu lesen, betrachten wir nun zunächst Bild 1 näher. Genau im Bildmittelpunkt
(Schnittpunkt der Diagonalen des 7,2 cm^2 großen Bildfeldes) liegt
der Kopf Jakobs. Er schaut nach links und sitzt auf einer im Vergleich zu ihm sehr großen Ente, die ein näherer Blick (Bürzel!) als
Gummitier ausweist. Beide sehen wir in Seitenansicht; Jakobs sicht-
bares linkes Bein wird vom Wasser abgeschnitten: sein Fuß, folgern
wir, ist also im Wasser. Gemäß dem Konzept der Unbestimmtheits-
stellen (Ingarden; deutlich von Leerstellen zu unterscheiden! Vgl.
die zusammenfassende Darstellung bei Matthias Schatz: Der Betrachter im Werk von Odilon Redon. Hamburg 1988) ergänzt der Betrachter (aufgrund seines Wissens) das zwar nicht Gezeigte, aber
doch Plausible: Jakobs und der Ente andere Körperseite, den un-
sichtbaren Fuß (dem auf der anderen Entenseite ein gleicher hinzu-
zudenken ist) usf. Jakobs Gesicht wird von Knollennase und
Schnauzbart bestimmt. Einen Haaransatz sehen wir nicht; der
schwarze halbrunde Hut sitzt fest auf dem Kopf. Jakobs Augen (wir
sehen nur das linke) sind geschlossen. So vermittelt er einen be-
dächtigen, ja lethargischen, träumerischen Eindruck. Offenbar ist es
ihm recht egal, wohin seine Gummiente schwimmt. Hier treibt sie
in Richtung Schilf, das kurz vor der Ente offenbar einen Einlaß ge-
währt. Die Bildelemente des ersten Bildes sind in seiner linken
Hälfte sehr kompakt: das Schilf mit seinen hellgrünen Blatthauben,
Hals und Kopf der Gummiente. So wird – neben der motivischen
Ausrichtung Jakobs und seiner Ente nach links – die Bewegung
nach links durch die Vielfalt und Differenziertheit links gegenüber
der relativen Leere rechts verstärkt. Diese Bewegung ist recht ruhig;
nur wenig kräuselt sich das Wasser, kein Windhauch ist etwa an ge-
bogenen Blättern abzulesen. (Was zum träumerischen Eindruck Jakobs paßt.) Leicht gewellte Linien geben als Bewegungslinien den
bisherigen Weg Jakobs an. Er verläuft gegen die Leserichtung, was
uns den Eindruck vermittelt, daß Jakob auf seiner Ente *kommt*. In seiner Unbuntheit sticht er deutlich ab, wirkt aufgrund seines Ausse-
hens nicht nur witzig, sondern auch komisch. Sein Ringelhemd erinnert an Bade- und Turnanzüge aus früherer Zeit (mancher Leser
wird das berühmte Bild des Reichspräsidenten Friedrich Ebert beim
Baden aus der »Berliner Illustrierten« kennen und sich daran erin-

nert fühlen); der Hut signalisiert für sich genommen Würde und Erfolg (eine Bank wählte einen Homburger in Kombination mit einem Geldschein in ihrer Werbung als Erfolgszeichen), unterstützt hier aber (wer trägt heute noch so einen Hut?) den altväterlichen Eindruck Jakobs. Die Komik liegt im Kontrast: dieses Männchen auf einer Gummiente! Schon für sich ein Bild zum Schmunzeln.

Bild 2 weist redundante Elemente auf: die Ortsangabe, den Akteur Jakob auf seiner Ente. Innovativ: Wir sehen beide jetzt von der anderen Seite, nach rechts ausgerichtet. Der Schnabel der Gummiente berührt den rechten Bildrand, Jakobs Hut überschneidet das Spiegelbild des Hügels: Beide sind also schon weiter zurück in die Richtung, aus der sie zuerst gekommen sind, geschwommen, als sie uns in Bild 1 gezeigt wurden. Neben diesen Modifikationen sind auch neue Bildzeichen zu sehen. Fünf kleine, gelbe Enten mit roten Schnäbelchen folgen Jakobs Ente im Kielwasser. Durch Überschneidungen wirken sie dicht zusammengedrängt und eilig. Den meisten Lesern wird das Bild im Prinzip bekannt sein: Kleine Enten folgen der Leitente im Pulk. Offenbar halten sie die rote Gummiente für ihre Mutter. Wir gehen von der Prämisse aus, daß Bild 2 chronologisch im Geschehensprozeß Bild 1 nachfolgt. Die Veränderungen zwischen beiden Bildern sind – wie das Gleichgebliebene – deutlich. Die Frage, warum sich in Bild 2 etwas verändert hat, führt uns dazu, die Leerstelle zwischen beiden Bildern kombinierend zu füllen. Offenbar ist Jakob auf seiner Ente ins Schilf getrieben worden. Dort hat er umgedreht und den Weg zurück eingeschlagen. Im Schilf müssen die kleinen Enten die beiden entdeckt und geglaubt haben, die Gummiente sei ihr Muttertier. So folgten sie ihr eilig. (Wer die Arbeit des Verhaltensforschers Konrad Lorenz kennt, mag in diesem Bild ein liebenswert parodistisches Element sehen. Aber auch immanent ist die gezeigte Szene verständlich.) Jakobs Gesichtsausdruck hat sich nicht verändert. Stoisch hockt er auf seiner Ente; offenbar hat er die kleinen Entchen bislang gar nicht wahrgenommen.

Im nächsten Bild hat sich die Ortsangabe verändert. Wir sind immer noch auf dem Wasser (wohl einem See); immer noch der grüne vordere Uferstreifen; doch das Schilf ist verschwunden, die Hügelkette hat sich gewandelt. Auffallend, relativ genau mittig, steht ein Kugelbaum, der sich auch klar im Wasser spiegelt. Jakob und Gummiente haben sich nicht verändert. Aufgrund des Kontextes schließen wir, daß sie sich inzwischen vorwärtsbewegt haben. Sie ziehen weiterhin zielstrebig nach rechts; auch die kleinen Enten haben ihre Positionen nur geringfügig variiert. Links kommt ein neuer Akteur ins Bild: Heftig die Flügel (flatternd) nach oben gereckt, die roten Beine sichtbar über dem Wasser, eilt eine Ente (keine Gummiente!) der Gruppe – von dieser unbemerkt – nach. Wassertropfen, ihr nach vorne gerichteter Blick, die stärker zittrigen Striche auf dem Wasser deuten ihre Schnelligkeit an. Die Schlußfolgerung liegt auf der Hand: Dies ist die wirkliche Entenmutter. Und die Leerstelle zwischen Bild 2 und Bild 3 ist entsprechend leicht zu füllen: Die Entenmutter, die wohl unterwegs war, als ihre Jungen der Gummiente zu folgen begannen, ist zurückgekommen, hat entdeckt, was geschehen ist, und die Verfolgung aufgenommen.

Bild 4 weist als redundantes Element die nur wenig veränderte Ortsangabe vor. (Ein wenig weiter nach rechts sind die Akteure allerdings inzwischen gelangt.) Entenmutter, kleine Entchen und Jakob sind als Personal erhalten, haben aber ihre Posen und Positionen verändert. Die rote Gummiente ist verschwunden. Die wahre Entenmutter, ein rotes Teilchen im Schnabel (der Stöpsel-Bürzel der Gummiente), schwimmt nach links (ins Schilf zurück), ihren Kindern voran. Am deutlichsten hat sich Jakob verändert. Er ist bis zur Brust im Wasser verschwunden; die Augen nicht mehr geschlossen, sondern geöffnet. Er wirkt völlig überrascht. Sein Hut ist nicht mehr glatt, sondern verbeult. Um ihn herum sehen wir gewellte Kreislinien, die uns an die Wellen erinnern, die sich um einen im Wasser versinkenden Kiesel bilden. Hier ist kein Kiesel, hier ist die Gummiente untergegangen. Hinter Jakobs Rücken quellen noch einige Luftblasen nach oben. Wir können vermuten, daß die Gummiente noch unter Wasser ist. Jakobs verbeulter Hut signalisiert, daß auch er unter Wasser war – oder von der Ente ›eins auf den Hut bekommen hat‹. Während zwischen den ersten drei Bildern das Geschehen recht zügig und fließend weiterentwickelt wird, ist die Leerstelle zwischen Bild 3 und 4 größer. Wir müssen nicht nur schmunzeln, weil wir Jakob plötzlich aus seiner träumerisch-behaglichen Trägheit gerissen sehen, weil wir in Analogie zum Bild höher (Bild 2) nun die wahre Entenmutter mit ihrer Schar erkennen, sondern weil der Blick auf den roten Stopfen im Entenschnabel uns das Geschehen rekonstruieren läßt: Voller Wut hat die Entenmutter den Stöpsel aus der Gummiente gezogen; und wir können uns plastisch vorstellen, wie Jakob – aus heiterem Himmel getroffen – plötzlich mit den Armen rudert, das Gleichgewicht verliert, während unter ihm mit lautem Zischen die Gummiente im sprudelnden Wasser versinkt. Derweil die Entenkinder erstaunt schauen, ihren Irrtum bemerken und wenden. Befriedigt und stolz auf ihren Sieg, schwimmt die Entenmutter mit ihren Kleinen davon. Je nach Phantasie des Lesers kann noch weiter ausgeschmückt werden. Der Witz der kleinen

Geschichte beruht fraglos darauf, daß sie – anfangs – durchaus den Eindruck von Glaubwürdigkeit vermittelt (wobei beim Betrachter das Wissen vorausgesetzt wird, daß kleine Enten einer Leitente folgen), daß die Ente sich nicht nur zu Wehr setzt, sondern dies – menschlichem Denken folgend – geradezu raffiniert tut, die vermeintlichen Entführer (die doch selbst völlig unschuldig und ahnungslos sind) strafend gekonnt ausschaltet. Die komische Wirkung wird noch verstärkt durch den erneuten Blick auf die Überschrift. »Expedition« – das signalisiert eigentlich Entdeckung, Abenteuer, Gefahr ... Entdeckung und Abenteuer hat der schläfrig-träumerische Jakob auf jeden Fall versäumt. Aber in Gefahr ist er – unbeabsichtigt und ahnungslos – doch geraten.

Hinweise zum Umgang mit der Geschichte

Bei einer gemeinsamen Betrachtung der Bildgeschichte mit Kindern bietet es sich an, das letzte Bild zunächst abzudecken. So kann die Geschichte der ersten drei Bilder entwickelt werden, wobei die Frage, wie es denn kommt, daß plötzlich fünf kleine Entchen hinter Jakob auf seiner Ente herschwimmen, zu erörtern ist. Wer die Ente im dritten Bild ist, werden die Kinder erfassen, und auch, was sie wohl vorhat. Doch was nun wirklich passiert, das wäre selbst auszudenken (zu erzählen, zu zeichnen; die Geschichte läßt sich auch wunderbar spielen). Dann wird das letzte Bild gezeigt und mit den eigenen Ideen verglichen. Wer genau hinschaut, kann erraten, warum Jakob im Wasser liegt und die rote Ente verschwunden ist.

Eine andere Möglichkeit wäre, Jakob im Wasser isoliert auf einem Arbeitsblatt anzubieten. Die Kinder haben nun die Aufgabe, das Motiv zeichnerisch weiterzuentwickeln. Was ist mit Jakob los? Wie kommt er ins Wasser? Was für eine Geschichte kann man erzählen? Eine engere Vorgabe wäre, ›Jakob auf der Ente‹ und ›Jakob im Wasser‹ gegenübergestellt. Was ist passiert? Die Kinder erfinden eine Geschichte, die beide Motive erzählerisch zusammenführt.

Zum Rezeptionsvermögen von Kindern

Unser Beispiel hat gezeigt, daß das Lesen und Verstehen einer Bildgeschichte eine Mischung aus genauem Betrachten (besser: Bild-Lesen), Wissen, Vergleichen und Verbinden, Vervollständigen, aus Kombinieren und phantasievollem Ergänzen (›Verlebendigen‹) verlangt. Dabei ist – im Unterschied zum autonomen Einzelbild – die relative Offenheit der Bildinformation eingeschränkt, ihre Aussage für die Erzählung funktionalisiert. Dennoch bleibt ein hoher »Anteil des Betrachters« (Kemp), ein subjektiv-emotionales, assoziierendes Empfinden. Offenheit im Sinne interpretierenden, wertenden Verstehens umfaßt dann nicht so sehr das einzelne Bild, sondern die gesamte Folge, die Geschichte. Die Bildgeschichte setzt also Wissen (Sachwissen, Bildwissen, Kenntnis spezieller Zeichen und Symbole und ihrer erzählerischen Funktion) und Vermögen (Bild-/Textlesen, Kombinieren) voraus. Wo es gelingt, Interesse und Neugier des Rezipienten anzusprechen, ist dessen Motivation, die nötige ›Lesearbeit‹ zu leisten, geweckt. Der Reiz des Lesens, der Genuß, ergibt sich dann sowohl aus dem Was der erzählten Geschichte als auch aus dem Wie.

Auf die Zielgruppe Kinder übertragen, wird deutlich, daß eine ihnen zugedachte Bildgeschichte mit ihrem ›Horizont‹ – ihrer (bisherigen) Erfahrung (Lebenserfahrung, vermittelte Erfahrung) – korrespondieren muß. Erworbenes Sachwissen und das Bildrepertoire im Gedächtnis sind dabei sicher individuell unterschiedlich, doch innerhalb einer Zeit, einer kulturellen Gemeinschaft lassen sich allgemeine Trends markieren. Wichtig für Kinder ist, an Vertrautes anzuknüpfen, um so auch Neues erfassen und aufnehmen zu können. Ihr momentanes wie allgemeines Interesse spielt dabei eine wichtige Rolle. Rezeption ist ein Lernprozeß, der durch Übung vorangebracht und bestimmt wird, der aber auch von entwicklungsbedingten Faktoren (individuell sicher differenziert) geprägt ist. Untersuchungen zur Bildwahrnehmung (u.a. Bauer 1960, Kleinhaus 1966, Nickel 1967, Niederle 1970, Hinkel 1972, Fljorina 1976, Grünewald 1989) verdeutlichen, daß Kinder bestimmte (Stil-)Vorlieben haben (z.B. den ›realistischen‹ Stil, den Cartoon-Stil, weniger einen ›expressiven‹ Stil, das erzählende Bild), daß sie schon recht früh relativ detailgenau differenzieren können, daß sie Klarheit und Deutlichkeit (nicht mit Simplizität zu verwechseln!) wünschen. Wenn ihr Interesse geweckt ist, wenn sie Seh-Hilfen erhalten, wenn ihre Bilderfahrung groß ist (das bildgeprägte Medienzeitalter konfrontiert Kinder schon sehr früh mit einem breiten Bildangebot) und wenn sie Zeit und Muße haben, sich auf den Rezeptionsprozeß zu konzentrieren, sind sie meist in der Lage, auch komplexe Bilder zu erschließen – zumal das Bild ja kein ›vollständiges‹ Erfassen verlangt beziehungsweise auch gar nicht erlaubt. (Offenheit und Polyvalenz können ja gerade Anzeichen für Qualität sein.)

Wesentlich für das Erfassen einer Bildgeschichte ist nun aber nicht nur die Bildwahrnehmung, sondern auch die Kombinationsfähigkeit, das vergleichende Sehen, die Verbindung von ikonischen, indexalischen (hinweisenden, anzeigenden) und symbolischen Zeichen (vgl. u.a. Günter Kerner/ Rolf Duroy: Bildsprache. München 1977), das Füllen der Leerstellen.

In seiner Dissertation (Das Zeichnen der Kinder bis zum 14. Lebensjahr. Leipzig 1904) beschreibt Siegfried Levinstein unter Einbeziehung weiterer umfassender internationaler Untersuchungen (u.a. aus den USA, England, Japan), welche Bedeutung (für Rezeption und Produktion) die erzählende Bildfolge für Kinder hat. Geschichten wie Heinrich Hoffmanns *Hans Guck in die Luft* (selbst eine Bildgeschichte; den Kindern nur als Stoff bzw. Text angeboten) animierten, Bildgeschichten zu zeichnen. Levinstein stellt dabei altersbedingte Unterschiede fest. Während jüngere Kinder (bis zu sechs Jahren) »Fragmentbilder« (seltener vollständige Szenen, eher erzählende Figuren) produzierten, wuchs mit steigendem Alter die Ausarbeitung chronologischer Szenen, im Typus »wie Bilderbogengeschichten Meggendorfers« (S. 37). Levinstein verweist damit auf den Einfluß der – damals – dominanten Bildgeschichtenlektüre. (Heute sind Bilderbuch und Comics entscheidende Anreger.)

»Bildermalerei ist Bilderschreiberei«, folgert er, »und das Ansehen von Bildern ist ein Bilderlesen.« (S. 37)

Harriet Schneider untersuchte in ihrer Dissertation (Leipzig 1947) »Münchener Bilderbogen in ihrer Wirkung auf Kinder«. Bei Achtjährigen stellt sie Freude vor allem an den Einzelepisoden fest; die Zehnjährigen erfassen den Handlungsablauf, die Zwölfjährigen setzen sich darüber hinaus mit dem Sinngehalt des Geschehens auseinander, fähig, Kritik zu üben (S. 138 f.). Insgesamt urteilt sie:

»Diese Art von Münchner Bilderbogen [gemeint sind Bildgeschichten mit und ohne Text] bedürfen keiner Erläuterung und setzen kein geleitetes Buchinteresse beim Kinde voraus. Ihre Wirkung ist unmittelbar, stark und nachhaltig. Sie sind entwicklungsbegleitend. Sie vermögen beide Geschlechter und jede Altersstufe, etwa vom 5. Jahre an, zu fesseln.« (S. 137)

Die Relevanz der Bilderbuch-Bildgeschichte untersuchte Gerhard Mewes (Die Arbeit mit Bilderbucherzählungen im Kindergarten und ihre Bedeutung für die ästhetische Erziehung älterer Vorschulkinder. Diss. Berlin 1975). Er bescheinigt ihr optimale Möglichkeiten:

»Sie ist besonders geeignet, komplizierte Wirklichkeitsbereiche sowie umfangreichere und diffizilere individuelle und gesellschaftliche Probleme [...] für Kinder erfaßbar und nacherlebbar zu gestalten. Durch die Vereinigung zweier Kunstgattungen [Bild und Text], die durch ihre dialektische Wechselwirkung und Synthese eine höhere Wirkungspotenz gewinnen, ist die

Bilderbucherzählung besonders den psychischen Altersbesonderheiten, dem Kenntnis-, Erfahrungs- und Fähigkeitsniveau des Vorschulkindes [...] angepaßt.« (S. 223)

In meiner Untersuchung (Wie Kinder Comics lesen. Frankfurt a.M. 1984) konnte ich nachweisen, daß Kinder (insbesondere im Alter von neun bis zehn Jahren) ebenso motiviert wie kompetent mit der Bildgeschichte umgehen können. Dabei bestätigten sich in anderen Untersuchungen erkannte Vorlieben (siehe oben, insbesondere Hinkel und Niederle). Es zeigte sich, daß Kinder – sofern Stoff und Bildmaterial mit ihrer Lebens- und Erfahrungswelt korrespondieren – problemlos Wort und Bild, Bildzeichen (z.b. Bewegungsstriche) und Lautmalerei miteinander verbinden können, daß sie Details, die Funktion unterschiedlicher Sprechblasen, Symbole in ihrer erzählerischen Funktion erfassen. Auch die Bildfolge, das Füllen von Leerstellen, bereitete den an der Untersuchung beteiligten Kindern (500, dazu kamen Vortests und Überprüfungen bei jüngeren und älteren Kindern) keine Schwierigkeiten. Einzelbilder, die ihnen in vertauschter Reihenfolge präsentiert wurden, konnten sie leicht – der kombinierbaren Chronologie und Erzähllogik folgend – richtig zusammenfügen. Die Aufgabe, eine Geschichte, die ohne Abschlußbild gezeigt wurde, zu ergänzen, zeigte in ihren vielfältigen Lösungen, daß die Kinder in der Lage waren, den Erzählstrang (Kausalitäten, Sinngehalt) zu verstehen. Auffallend der Spaß und die große Motivation der Kinder!

Ich glaube sagen zu können, daß prinzipiell die Bildgeschichte ein optimales Leseangebot für Kinder ist, das ihrem Rezeptionsvermögen entgegenkommt. Dabei sind – wie auch die oben zitierten Untersuchungen zeigen – die unterschiedlichen Formen der Bildgeschichte gleichermaßen interessant, wobei natürlich das Alter der Kinder (ihr Wissen, ihr Entwicklungsstand, ihr Können), das ihnen bislang besonders vertraute Angebot, der Einfluß anderer (Eltern, Freunde ...) hinsichtlich Interesse, Geschmack und Lesevermögen mitbestimmende Faktoren sind. Aktive Rezeption, Mit- und Weiterdenken, Phantasie sind gefordert und werden gefördert.

Folgerungen: Ziele für den Umgang mit Bildgeschichten

Diese prinzipielle positive Einschätzung ist selbstverständlich für den konkreten Einzelfall zu differenzieren. Wie zwischen Lesen als sinnvoll-notwendiger Kulturtechnik und der Lektüre bestimmter Texte zu unterscheiden ist, ist auch das tatsächliche Bildgeschichten-

Angebot mehr oder weniger positiv (oder negativ) zu werten. Das bezieht sich auf den Inhalt (auf die ›heimliche Erziehung‹, die Vermittlung von Normen und Werten, die Art, Probleme zu lösen, das Weltbild usw.) wie auf die Form. Hier können Klischees, Stereotype, Muster durch häufige Lektüre eintrainiert und gefestigt werden. Die (quantitative) Beschränkung auf eine Form der Bildgeschichte (z.B. Comics), gar auf wenige Serien (die ästhetisch nicht oder nur wenig variationsreich sind), kann dazu führen, daß ein ›automatisches Lesen‹ ausgebildet wird, das dann die aktive Leseaktivität auf ein rasches wiedererkennendes Konsumieren reduziert und vor allem dazu beitragen kann, daß anderen, unvertrauten ästhetischen Mitteln gegenüber Hemmschwellen errichtet werden.

Ziel (für den Umgang mit Bildgeschichten) ist der kompetente Leser, der offen für jedes Angebot ist, bereit zu lernen und Neues zu erfahren. Kompetenz schließt das Wissen um die Erzählmöglichkeiten des Prinzips Bildgeschichte ein, ihre ›Sprache‹, ihren Herstellungsprozeß, ihre Vielfalt. Erst die Kenntnis vieler unterschiedlicher Beispiele ermöglicht, über den Vergleich allmählich auch kritisch wertende Kompetenz auszubilden, den eigenen Anspruch zu steigern, auf Qualität zu achten. Nicht Geschmackserziehung durch die Dominanz eines Marktangebotes, Meinungen und Vorschriften anderer, Bequemlichkeit der Bestätigung des Vertrauten, sondern das eigene kritische Urteilsvermögen, gemessen an den möglichen spezifischen Erzähl- und Darstellungsweisen der Bildgeschichte, deren Konformität mit dem Erzählstoff, der Relevanz, Stimmigkeit und Innovation des Inhaltes, sollten Wahl und Einschätzung bestimmen.

Hohen (künstlerischen) Qualitätsansprüchen – und das zielt auf die Vermittlung von Innovationen, lohnenswerten, denkprovozierenden Inhalten, emotionalen wie intellektuellen Lesegenuß – genügen derzeit leider nur wenige Bildgeschichten. Die Künstlerzyklen sind hier zu nennen, viele Bilderbücher, manche Bilderbögen, leider nur wenige Comics. Letzteren freilich eröffnen sich durch Medien wie Album und Buch beste Möglichkeiten, zumal die Comics, frei von jeder Dogmatik, alle Register der Bildgeschichte ziehen können. Vereinzelte Autorencomics (ich denke z.B. an *Corto Maltese* von Hugo Pratt, an Manara, Bourgeon, Bilal, Ghigliano, Loustal, an Christian Gorny) lassen bereits ahnen, wie sich hier eine anspruchsvolle Comic-Kunst entwickeln könnte.

Die Forderung nach Qualität zielt nun keinesfalls auf eine ›Elite-Bildgeschichte‹; gerade ihre Anschaulichkeit, ihre Darstellungs- und Erzählmittel verschließen sie prinzipiell keinem. Und natürlich soll es neben Bildgeschichten, die eine intensivere Auseinandersetzung verlangen, auch jene geben, die ›leichtere‹ Unterhaltungskost bieten. Je nach Situation, je nach momentanem Interesse und Bedürfnis wird eher das eine oder das andere erwünschten Genuß bieten.

Der ›kompetente‹ Leser ist ein ›Lernprodukt‹, und dieses Lernen beginnt mit den ersten Bildgeschichten. So ist es sinnvoll und legitim, Kinder im Umgang mit Bildgeschichten zu unterstützen, ihnen ein breites, vielfältiges Angebot zugänglich zu machen, mit ihnen gemeinsam zu lesen und über die Lektüre zu sprechen, ihnen Möglichkeiten des spielerischen Umgangs, die Verknüpfung von Rezeption und eigener ästhetischer Praxis zu eröffnen.

Kompetenz meint ja nicht nur rezeptionelle Kompetenz; sie sollte auch den eigenen produktiven Umgang mit der Bildgeschichte einschließen. Die Bildgeschichte – alle ihre Formen, jeweils bezogen auf die optimale Darbietung des Stoffs – sollte auch als Möglichkeit, selbst zu erzählen, selbst etwas mitzuteilen, verfügbar sein. Mit welchem Engagement, mit welcher überzeugenden Leistung das geschehen kann, zeigen viele Beispiele in Schülerzeitungen und ein lesenswertes Comic-Buch, das Berner Schüler gemeinsam herstellten (Friedrich Dürrenmatt: Der Richter und sein Henker. Comic auf der Grundlage des Romans. Bern: Zytglogge 1988), veranschaulicht darüber hinaus, daß die Umsetzung eines literarischen Stoffes in einen Comic ein probater Weg des Textverstehens sein kann. Friedrich Dürrenmatt, lese ich, hat das Unternehmen hoch gelobt.

Anhang

Glossar

(Die aufgeführten Begriffe sind in ihrer Erklärung auf die Bildgeschichte bezogen.)

Adaption Umsetzung eines Stoffes aus einer anderen Kunstform, z.B. Comic-Version eines Märchens oder eines Text-Romans

Adventure comic Abenteuer-Comic

Akteur handlungstragende Person, z.b. menschliche Figur, anthropomorphe Figur, Phantasiefigur; können wie Schauspieler aufgefaßt werden

Action comic dynamischer, handlungsbetonter Spannungscomic

anthropomorph vermenschlicht, etwa der wie ein Mensch auftretende, denkende und agierende Enterich Donald Duck

Bewegungslinie Striche, die Schnelligkeit und Bewegungsrichtung angeben; auch Symbole wie kleine Wolken, die auf hochwirbelnden Staub verweisen

Bewegungsphasen Segmentierung eines Bewegungsablaufes in einzelne Bildphasen; in einem Bild dargestellt, können sie die Schnelligkeit des Bewegungsprozesses veranschaulichen

Bilderbogen einseitig bedruckter Bogen, der sehr häufig auch Bildgeschichten (mit und ohne Text) aufweist; verbreitetes populäres Bild-Massenmedium vor allem im 19. Jahrhundert

Bildfolge Folge von einzelnen Bildern, die ein erzählendes Ganzes bildet; es wird zwischen weiter Bildfolge (die Einzelbilder markieren herausragende Szenen des Gesamtgeschehens) und enger Bildfolge (die aufeinanderfolgenden Bilder zeigen ›fließend‹, zeitlich nah, den Handlungs- bzw. Bewegungsprozeß) unterschieden

Bildgeschichte wird als ›Erzählprinzip‹ verstanden, als übergeordneter Begriff, der alle Formen und Arten narrativer Bildfolgen subsumiert

Cartoon ursprünglich die tagespolitische Karikatur, mittlerweile wird unter Cartoon der Bildwitz wie der Zeichentrickfilm verstanden; Cartoon-Stil meint den karikierenden (verzerrenden, vereinfachenden, übertreibenden) Zeichenstil, der insbesondere die Akteure komisch, witzig, auch lächerlich erscheinen läßt

Cliff hanger (= Klippenhänger) meint eine dramatisch-offene Situation am Ende einer Episode

110

Comic spezifische Form der Bildgeschichte, orientiert an US-amerikanischen Beispielen seit Ausgang des 19. Jahrhunderts, die durch Seriencharakter, stehende Figur, Sprechblase und filmorientierte Mittel (Perspektive, Schnitt) gekennzeichnet ist; ursprünglich komisch (humorvoll, witzig), umfassen Comics seit den dreißiger Jahren alle Genres; eine eindeutige Definition läßt sich nicht geben, da die genannten Merkmale nicht immer zutreffen

Comic-Album s. Medium

Comic book s. Medium

Comic strip Streifengeschichte in der Presse (daily strip: Tageszeitung; sunday page: Sonntagsbeilage)

Dramaturgie Konstruktion, Methode der Erzählung

Erzählebene gemeint sind u.a. eine fiktive ›reale‹ Erzählung, ein Traum, eine Erinnerung, eine Vision; in einer komplexen Bildgeschichte können unterschiedliche Erzählebenen verwendet werden

erzählte Zeit die Zeit, in welcher die Handlung der Bildgeschichte abläuft

Erzählzeit die Zeit, die zum Erzählen beansprucht wird; hier die von Umfang und Komplexität abhängige Rezeptionszeit einer Bildgeschichte, die – anders z.B. als bei mündlicher Erzählung oder beim Film – weitgehend auch vom Leser mitbestimmt wird

Erzähler kann als ›objektiver‹ auftreten, aber auch als ›auktorialer‹, der sich kommentierend oder direkt eingreifend in die Geschichte einbringt (z.B. durch Zeichenstil, Perspektive oder Text); der Erzähler kann auch vom Autor unterschiedener Ich-Erzähler sein, eine in der Geschichte erscheinende Figur

Fanzine Zeitschrift oder Zeitung, die von Comic-Fans gestaltet und herausgegeben wird; umfaßt neben Sachartikeln, Faninformationen oft auch selbstgeschaffene Comics

Folie Hintergrund des Einzelbildes, nicht ausgeführt, sondern durch Rasterung oder Farbe bestimmt; die Farbe muß keine Lokalfarbe sein, sie kann auf Stimmung und Tageszeit Bezug nehmen, kann auch nur der Differenzierung und Abwechslung dienen; hebt die Akteure hervor

Fotonovella Foto-Bildgeschichte, beliebt u.a. in Italien und Südamerika

Funny lustig, witzig angelegter Comic, in der Regel schon durch den Cartoon-Stil verdeutlicht

Gestik s. Körpersprache

Habitus Umrandung, Umrahmung des Panels

Hiatus trennender Abstand zwischen Panels, die nicht (z.B. mit einer Linie) umrandet sind

Illustration Bildzugabe zu einem Text, die verdeutlichend, erweiternd, interpretierend sein kann, aber zum Verständnis des Textes nicht erforderlich ist; in der Bildgeschichte dagegen ist das Bild unverzichtbar und trägt die Geschichte, auch wenn es – wie in der weiten Bildfolge – als Einzelbild insoweit illustrativen Charakter haben kann, als es einen prägnanten Moment des Geschehens wiedergibt

Innovation neuauftretende Zeichen im Panel, bezieht sich auf Veränderungen aus dem vorausgehenden Panel bekannter Elemente wie auf das erstmalige Erscheinen

Insert Text (oder auch Bild) im Bild, an ein Bildelement (z.B. ein Schild) gebunden

Kindchenschema oft benutztes stereotypes Zeichen, großer Kopf gegenüber kleinerem Körper, große runde Augen; signalisiert emotionale Einschätzungen wie niedlich, schutzbedürftig

Kompetenz gemeint ist Rezeptionskompetenz bezüglich Bildgeschichten, die Fähigkeit und Fertigkeit, kritisch-selbstbewußt, wertend wie genießend mit dem Bildgeschichten-Angebot umgehen zu können, sich offen auch mit unvertrauten Beispielen auseinanderzusetzen

Körpersprache wesentliche kommunikative Aussagekraft des Bildgeschichten-Akteurs in Pose, Mimik, Gestik; beruht teils auf angeborenem Verhalten, teils auf kulturell vermitteltem, ist z.T. aus dem narrativen Kontext zu erschließen

Lautmalerei Wörter, die annähernd ein Geräusch wiedergeben; Versuch in der Bildgeschichte, die Dimension des Hörens sichtbar werden zu lassen; Größe, Form, Farbe und Plazierung der Schriftzeichen sind mit dem Laut in der Regel eng verbunden, können Lautstärke, Melodie, Herkunft usw. signalisieren

Leerstelle was zwischen zwei Einzelbildern der Bildfolge nicht gezeigt, aber vom Leser im Vergleich von Innovation und Redundanz kombinierend zu erschließen ist

Medium der materielle Vermittlungsträger der Bildgeschichte; kann ein Unikat sein (eine Vase, ein Teppich, ein Tafelbild), kann als Massenmedium (Zeitung, Zeitschrift) viele Personen (ein ›disperses Publikum‹) unabhängig von Zeit und Raum erreichen; Comic book (ein in der Regel periodisch erscheinendes Heft) und Comic-Album (broschiert oder mit festem Einband, zumeist im DIN-A4-Format, dem Buch vergleichbar) sind neben der Presse die wichtigsten Medien der Comics; Medium und auch durch dieses bedingte künstlerische Verfahren und Vervielfältigungstechniken können in Inhalt und Ästhetik auf die Bildgeschichte prägend Einfluß nehmen

Mimik s. Körpersprache

narrativ erzählend

Onomatopöie s. Lautmalerei

Panel Einzelbild der Bildfolge

Pantomime strip Comic strip ohne Text

Perspektive meint hier den Blick ins Bild, der erzählerisch funktional bedeutend ist; die traditionelle Bildgeschichte orientiert sich vornehmlich am Theater, an der Guckkastenbühne, bei der der Betrachterstandort nicht wechselt; die Comics übernehmen vielfach Möglichkeiten des Films, bei dem die Kamera ihre Position wechseln kann; neben dem Blick von oben, unten oder frontal ins Bild wird auch die unterschiedliche ›Einstellung‹ (Detail, Naheinstellung, Totale, Weitsicht usw. – orientiert an der Filmsprache: die scheinbare Nähe bzw. Ferne des Betrachters vom gezeigten Geschehen) erzählfunktional genutzt

Plot Ideenskizze für eine Bildgeschichte

Pose s. Körpersprache

prägnanter Moment inhaltlich signifikante Szene, die für einen Bewegungs- bzw. Handlungsprozeß steht bzw. ihn charakterisierend, treffend illustriert; die weite Bildfolge basiert in der Regel auf einer chronologischen Folge prägnanter Momente

Redundanz sich wiederholende Zeichen; in der Bildfolge gleichbleibende Elemente

Rezeption das verstehende Wahrnehmen (Lesen und Betrachten) der Bildgeschichte; man kann von ›aktiver Rezeption‹ sprechen, da das ›Verlebendigen‹ und Verstehen der Bildgeschichte auf dem kombinierenden, phantasiebestimmten Füllen der Leerstellen beruht; von ›automatischer Rezeption‹ kann man sprechen, wenn es sich eher um ein konsumierendes Wiedererkennen vertrauter Elemente, Erzählmuster und ähnlicher Inhalte handelt, wie es durch die häufige Lektüre vergleichbarer Comic-Serien möglich wird; hier kann die Gefahr bestehen, daß gegenüber anderen Bildgeschichten (anderer Ästhetik) Hemmschwellen aufgebaut werden

Rolle der Akteur spielt in der Bildgeschichte wie ein Schauspieler eine Rolle, deren Charakteristik er – nachvollziehbar – im gezeigten Verhalten vermittelt; vielfach wird bereits durch das visuelle Erscheinungsbild die Rolle angedeutet

Sachcomic informative Bildgeschichte, die Kenntnisse, Sachzusammenhänge vermitteln will; kann dabei auch erzählerische Einkleidung benutzen

Schnitt in Anlehnung an die Filmsprache eine Bildfolge von Panels, die mit Perspektivewechsel (Standort des Betrachters) verbunden ist; auch ›Montage‹ unterschiedlicher (paralleler) Handlungsstränge

Scribble Entwurfsskizze der Bildgeschichte

Semi funny Comic, der komische und spannende, abenteuerliche Elemente vereint; oft gekennzeichnet durch eine ›realistische‹ Darstellung des Ortes und der Objekte und eine ›cartoonhafte‹ der Akteure

Serie (theoretisch endlose) Fortsetzungs- und/oder Episodengeschichte, in der Regel an einen oder mehrere Protagonisten gebunden

Simultanbild zeitlich unterschiedliche Handlungsszenen mit wiederholender Darstellung der Akteure werden in einem einheitlichen Raumbild präsentiert; oft sind die Szenen chronologisch entlang eines Weges angeordnet

Speedline s. Bewegungslinie

Sprechblase wörtliche Rede der Akteure, die als von einem meist kreisförmigen Strich eingeschlossene Schrift ins Bild integriert ist und auf den Sprechenden verweist; in der mittelalterlichen Kunst als Spruchband bekannt, als ›Blase‹ in der Karikatur des 18. und 19. Jahrhunderts entwickelt, von den Comics übernommen und differenziert; neben der

Sprechblase gibt es Flüster-, Schrei- oder Denkblasen, durch spezifische Umrandung gekennzeichnet; auch der Charakter der Rede kann visuell deutlich werden, z.B. heuchlerisches, liebevolles, ärgerliches, unterkühltes Reden usw.

Stehende Figur Akteur einer Serie, der sich in den einzelnen Episoden nicht oder nur minimal verändert (auf Aussehen, Charakter, Handlungsmuster usw. bezogen)

Syndikat Pressedienst für Comic-Serien

Szenario textlicher Entwurf einer Comicgeschichte, der Bild und Text berücksichtigt

Unbestimmtheitsstelle im Bild nicht gezeigt, aber aufgrund der Kontextbezüge und der Erfahrung wie der Kenntnisse des Betrachters erschließbare Information, z.B. Rückseite einer in Frontansicht dargestellten Figur

Zeichen visuelle Zeichen, ikonisch (deutbar aufgrund der Ähnlichkeit mit dem Gemeinten), indexalisch (verweisend, z.B. eine Bewegungslinie) und symbolisch (in der Bedeutung ohne direkten Bezug zum Gemeinten festgelegt); die Comics haben vielfach eine spezifische Zeichensprache entwickelt, die durch Kontextbezug deutbar wie durch ihre häufig wiederholte Benutzung dem Leser vertraut und verständlich ist

Zyklus Folge von Einzelbildern; viele Zyklen (Grafikzyklen) sind Bildgeschichten mit weiter Folge

Literaturhinweise

Neumann, Renate: Bibliographie zur Comic-Sekundärliteratur. Frankfurt a. M. 1987; Dolle-Weinkauff, Bernd, 1990.

Acevedo, Juan: Wie man Comics macht. München 1982.

Comics. Kat. Köln: Rheinisches Freilichtmuseum Kommern 1986.

Dolle-Weinkauff, Bernd: Comics. Geschichte einer populären Literaturform in Deutschland seit 1945. Weinheim/Basel 1990.

Drechsel, Wiltrud Ulrike/*Funhoff,* Jörg/*Hoffmann,* Michael: Massenzeichenware. Die gesellschaftliche und ideologische Funktion der Comics. Frankfurt a. M. 1975.

Fuchs, Wolfgang J./*Reitberger,* Reinhold C.: Comics-Handbuch. Reinbek 1978.

Grünewald, Dietrich: Comics – Kitsch oder Kunst. Weinheim/Basel 1982.

Ders.: Prinzip Bildgeschichte (Dia-Serie und Textheft). Köln 1989.

Hausmanninger, Thomas: Superman. Eine Comic-Serie und ihr Ethos. Frankfurt a. M. 1989.

Hausmanninger, Thomas/*Kagelmann,* H. Jürgen (Hg.): Comics zwischen Zeitgeschehen und Politik. München/Wien 1994.

Havas, Harald/*Habarta,* Gerhard: Comicwelten. Geschichte und Struktur der Neunten Kunst. Wien 1993.

Holz, Christina: Comics – Ihre Entwicklung und Bedeutung. München 1980.

Horn, Maurice: The World Encyclopedia of Comics. New York 1976.

Kagelmann, H. Jürgen: Comics. Bad Heilbrunn 1976.

Ders. (Hg.): Comics Anno. Jahrbuch der Forschung zu populär-visuellen Medien. München/Wien, Vol. 1–2 (1991), 3 (1995).

Kemp, Wolfgang (Hg.): Der Text des Bildes. Möglichkeiten und Mittel eigenständiger Bilderzählung. München 1989.

Ders.: Senno corporeus. Die Erzählkunst mittelalterlicher Glasfenster. München 1987.

Kluckert, Ehrenfried: Die Erzählform des spätmittelalterlichen Simultanbildes. Diss. Tübingen 1971.

Knigge, Andreas C.: Comic-Lexikon. Frankfurt a. M. 1988.

Ders.: Fortsetzung folgt. Comic-Kultur in Deutschland. Frankfurt a. M. 1986.

Krafft, Ulrich: Comics lesen. Stuttgart 1978.

Kunst + Unterricht 1989, H. 137: Bildgeschichte.

Kunzle, David: Carl Barks. Dagobert und Donald Duck. Frankfurt a. M. 1990.

Ders.: The Early Comic Strip. Narrative Strips and Picture Stories in the European Broadsheet from ca. 1450 to 1825. Berkeley 1973.

McCloud, Scott: Comics richtig lesen. Hamburg 1994.

Metken, Günter: Comics. Frankfurt a. M. 1970.

Pilz, Wolfgang: Das Triptychon als Kompositions- und Erzählform in der dt. Tafelmalerei von den Anfängen bis zur Dürerzeit. München 1970.

Reitberger, Reinhold C./*Fuchs,* Wolfgang J.: Anatomie eines Massenmediums. München 1971.

Schnackertz, Hermann Josef: Form und Funktion medialen Erzählens. Narrativität und Comicstrip. München 1980.

Schröder, Horst: Medium Comic. Bd. 1. Die ersten Comics; Bd. 2: Bildwelten und Weltenbilder. Reinbek 1982.

Verstappen, Andreas: Waechters Erzählungen. Bildergeschichten vom 15. Jahrhundert bis zur Gegenwart. Köln 1990.
Zimmermann, Hans Dieter (Red.): Vom Geist der Superhelden. Comicstrips. Zur Theorie der Bildergeschichte. München 1973.

Aktuelle Informationen

Comic Almanach. Hg. Joachim Kaps. Wimmelbach 1992, 1993.
Comic-Forum. Wien (Comic-Fachzeitschrift, seit 1979).
Comic-Jahrbuch. Hg. Andreas C. Knigge. Frankfurt a. M.: 1986/89; Hamburg: 1990/91.
Comixene. Hagen: 12 (1996).
Rraah! Magazin. Hamburg (Comic-Rezensionszeitschrift, seit 1987).

Zur Bildrezeption

Bauer, Franz: Die Entwicklung des bildästhetischen Erlebens bei Schülern vom 8. bis 16. Lebensjahr. In: Pädagogik (Berlin), 1960, 3. Beiheft.
Fljorina, J. A.: Die Wahrnehmung eines Bildes durch das Kind. In: Beiträge zur Kinder- und Jugendliteratur (Berlin) 15 (1976), H. 40.
Grünewald, Dietrich: Zur Bildwahrnehmung von Kindern. In: Literatur-Erwerb. Hg. P. Conrady. Frankfurt a. M. 1989, S. 107 ff.
Hinkel, Hermann: Wie betrachten Kinder Bilder? Gießen 1972.
Kleinhaus, W.: Stufen der ganzheitlichen Auffassung bei 2- bis 7jährigen Kindern. Frankfurt a. M. 1966.
Nickel, Horst: Die visuelle Wahrnehmung im Kindergarten- und Einschulungsalter. Stuttgart 1967.
Niederle, Charlotte: Die Kinderzeitschrift im Urteil ihrer Leser. Wien/München 1970.

Spezifisch zur Bildgeschichte

Grünewald, Dietrich: Wie lesen Kinder Comics? Zur Rezeption von Bildgeschichten. Frankfurt a. M. 1984.
Levinstein, Siegfried: Das Zeichnen der Kinder bis zum 14. Lebensjahr. Diss. Leipzig 1904.
Mewes, Gerhard: Die Arbeit mit Bilderbucherzählungen im Kindergarten und ihre Bedeutung für die ästhetische Erziehung älterer Vorschulkinder. Berlin 1979.
Novotny, Brigitte: Förderung des Verständnisses von Bildgeschichten ohne Text bei Vorschulkindern. Diss. Wien 1978.
Schneider, Harriet: Münchner Bilderbogen in ihrer Wirkung auf Kinder. Leipzig 1947.
Twickel, Zdenka Freiin v.: Das Verständnis 5- bis 8jähriger Kinder für textfreie Bildgeschichten. Diss. Wien 1977.

Abbildungen/Quellen

1 Roba: Boule & Bill. Bd. 11: Strip Cocker. Stuttgart: Delta 1990, S. 7. © Presse- und Lizenzagentur H.-W. Fuchs, Stuttgart.

2 Walt-Disney-Studio: Robin Hood. Filderstadt: Remus 1983, S. 3. © DISNEY. – Abb. 2, 10, 11, 13–15 mit frdl. Gen. d. Walt Disney Company (Germany) GmbH.

3 Robin Hood. Illustrierte Klassiker 41. Aachen: Bildschriftenverlag o. J., Titelcover.

4 Wilhelm v. Kaulbach: Illustration zu J. W. v. Goethe: Reineke Fuchs. Wiesbaden: Ebeling 1973, S. 291.

5 Rolf Kauka: Fix und Foxi. In: Ulrich Pohl: Von Max und Moritz bis Fix und Foxi. Wiesbaden: Union 1970, S. 36. © R. Kauka, Thomasville, Georgia.

6 Rolf Kauka:. Fix und Foxi. Eulenspiegel Sonderheft, Nr. 10. In: (↗ Nachweis 5), S. 32. © R. Kauka, Thomasville, Georgia.

7 Jerry Siegel/Joe Shuster: Superman. In: Jubiläumsband Superman. Stuttgart: Ehapa 1979, S. 13 und Rückseite. © Merchandising, Unterföhring.

8 Jan: Super-Meier. Nr. 2. Frankfurt a. M.: Condor o. J., S. 1. © Jan; mit frdl. Gen. d. Condor-Verlagsgruppe Berlin.

9 Peyo (eigtl. Pierre Culliford): Benni Bärenstärk. Bd. 2: Madame Albertine. Reinbek: Carlsen 1980, S. 22, 62. © Ebd.

10 Carl Barks: Die Jagd nach der Brosche. In: Die besten Geschichten mit Donald Duck. Klassik Album 8. Stuttgart: Ehapa 1986, S. 1. © DISNEY.

11 Carl Barks: Donald Duck. Glück im Unglück. In: Donald Duck. Klassik Album 4. Stuttgart: Ehapa 1990, S. 45. © DISNEY.

12 Wilhelm Busch: Balduin Bählamm (1883). In: Wilhelm Busch: Was beliebt, ist auch erlaubt. Hg. Rolf Hochhuth. Gütersloh: Bertelsmann o. J., S. 546.

13 Carl Barks: Der goldene Helm. Die besten Geschichten mit Donald Duck. Klassik Album 3. Stuttgart: Ehapa 1985, S. 6, 5, 4. © DISNEY.

14 Ebd., S. 5. © DISNEY.

15 Ebd., S. 12. © DISNEY.

16 Giovanetti: Max. Das Murmeltier, über das die Welt schmunzelt. München: Heyne 1978, o. p. © L. P. Giovanetti, Ascona/Schweiz.

17 Dik Browne: Hägar. Frankfurt a. M.: Bulls Pressedienst. © 1991 KFS/Distr. BULLS.

18 Ebd.

19 Peyo: Die Schlümpfe. Bd. 9: Falsche Formeln schlumpfen schlecht. Reinbek: Semic 1983, S. 46. © Ebd.

20 Meister der Lyversberg-Passion. 2. Hälfte des 15. Jh. Eichenholz. Je Szene 92 x 67 cm. Köln: Wallraf-Richartz-Museum.

21 Jon Ramheimsaeter: Von einem, der auszog, das Fürchten zu lernen [Drengen der wille vaere bange]. Nach dem gleichnamigen Märchen der Brüder Grimm. Hamburg: Oetinger 1989, S. 19. © Gyldendal, Kopenhagen.

22 Gabriele Lorenzer: Das Tuch von Mama. Ravensburg: Otto Maier 1983. © G. Lorenzer, Frankfurt a. M.

23 Kaspar Braun: Das Gastmahl. Münchener Bilderbogen Nr. 111. In: Vetter Franz auf dem Esel. Hg. Werner Hirte. Frankfurt a. M.: Insel 1977, S. 7.

24 Morris/Goscinny: Lucky Luke. Bd. 43: Der Kopfgeldjäger. Stuttgart: Delta 1984, S. 7. © (↗ Nachweis 1).
25 Quino: Mafalda hält Hof. Frankfurt a. M.: Krüger 1987, S. 89. © 1991 QUIPOS/Distr. BULLS.
26 Hermann: He, Robin! Träumst du? Bd. 1. Reinbek: Carlsen 1988, S. 41, 42. © Ebd.
27 Frank Ruprecht: Märchen von einem, der auszog, das Fürchten zu lernen. In: Eine Stadt geht über Land. Hg. Hans-Joachim Gelberg. Weinheim/Basel: Beltz 1980 (Programm Beltz & Gelberg, Weinheim), S. 104. © F. Ruprecht, Rösrath-Hoffnungsthal.
28 Cosey: Auf der Suche nach Peter Pan. Bd. 1. Reinbek: Carlsen 1987, S. 17, 18. © Ebd.
29 Pierre Christin/Enki Bilal: Der Schlaf der Vernunft. Reinbek: Carlsen 1986, S. 77. © Ebd.
30 Art Spiegelman: Maus. Die Geschichte eines Überlebenden. Reinbek: Rowohlt 1989, S. 52. © Aitken + Stone, London.
31 Bane Kerac: Schatten der Vergangenheit. In: Durchbruch. Hg. Pierre Christin/Andreas C. Knigge. Hamburg: Carlsen 1990. © Ebd.
32 Hans Jürgen Press: Der kleine Herr Jakob. Ravensburg: Otto Maier 1981, S. 6. © H. J. Press, Hamburg.

Zu den Abbildungen

Da bei einigen Abbildungen die Lesbarkeit der Sprech- bzw. Denkblasentexte ohne Eingriffe in das Original nicht zu gewährleisten gewesen wäre, werden diese Texte im folgenden noch einmal wiedergegeben. (Jeweils von oben nach unten, von links nach rechts.)

Abb. 21

Mitte: »Der Junge wanderte weiter, immer weiter hinaus in die grosse weite Welt. Es zog ihn in die gefährlichsten Gegenden und zu all den schaurigen Orten, von denen ihm die Leute erzählt hatten.

Aber das Fürchten lernte er nicht.«

Unten: »Er war müde und schlecht gelaunt.« – »Ich gehe lieber wieder nach Hause zu meinem Vater.«

Abb. 28 b

Oben rechts: »Etwas höher ...«

Unten: »Crocus vernus. Aus der Familie der Schwertliliengewächse. Erscheint im allgemeinen erst nach der Schneeschmelze.« (Fremder) – »Sind dieses Jahr früh dran!« (Stimme) – »Guten Tag!« (1. Polizist) – »Nicht nur die Krokusse sind zu früh dran. Gewöhnlich kommen die Fremden erst Ende Mai!« (2. Polizist)

Abb. 31 a (1991)

Mitte: »Seit zwei Jahren hat er nur getrunken ... und mit niemandem geredet.« (Frau)

Unten: »Was ist das? Sein Tagebuch?« – »Ja ...« (Kriminalbeamte)

Abb. 31 d (1989)

Unten: »›... Porsche und Trabant auf der Autobahn ...‹« (Fernsehsprecher) – »Schwarzer Kaffee, wie immer?« (Wirt) – »Nein, heute nicht ... einen Whisky ...« – »Wozu soll man denn jetzt noch wach bleiben?« (Denkblase)